# TRANSFORMADO

## Los 7 pilares de un hombre que deja legado

JOE PELLEGRINO

JACK REDMOND

EDITORIAL PORTAVOZ

La misión de *Editorial Portavoz* consiste en proporcionar productos de calidad —con integridad y excelencia—, desde una perspectiva bíblica y confiable, que animen a las personas a conocer y servir a Jesucristo.

Este libro fue publicado originalmente en los Estados Unidos en inglés, por BroadStreet Publishing®, con el título *Transformed*, copyright, © 2017 por Joe Pellegrino y Jack Redmond. Traducido con permiso.



Traducción: Ricardo Acosta



EDITORIAL PORTAVOZ
2450 Oak Industrial Drive NE
Grand Rapids, Michigan 49505 USA
Visítenos en: www.portavoz.com

ISBN 978-0-8254-5805-7 (rústica)
ISBN 978-0-8254-6718-9 (Kindle)
ISBN 978-0-8254-7538-2 (epub)

1 2 3 4 5 edición / año 27 26 25 24 23 22 21 20 19 18

*Impreso en los Estados Unidos de América*
*Printed in the United States of America*

En *Transformado: Los 7 pilares de un hombre que deja legado*, Joe Pellegrino y Jack Redmond cristalizan lo que todo hombre responsable debe anhelar, adoptar y seguir. Joe y Jack han escrito la visión y la han clarificado. Acalla las voces que tratan de eliminar la virilidad de la cultura y deja un legado poderoso.

—Gerald Bell, DeVos Urban Leadership

¡Hoy más que nunca se necesitan fuertes hombres de fe e integridad! En *Transformado*, Joe y Jack ofrecen a los hombres las herramientas necesarias para desarrollar un plan eficaz para sus propias vidas, mientras establecen un fuerte legado para otros hombres.

—Doctor David D. Ireland, pastor principal
de Christ Church, y autor de *Cómo criar niños que oran*,
www.DavidIreland.org

Fundé K.I.N.G. Movement para fortalecer y animar a los hombres a ser sanos en todos los aspectos de la vida. El libro *Transformado* de Joe y Jack es un recurso poderoso que puede ayudar a los hombres a lograr ese objetivo. Al ser educativo e inspirador, *Transformado* puede ayudarles a liberarse de las cadenas invisibles que los dejan atados a la mediocridad (o algo peor) y a ponerlos en marcha en el sendero hacia el cumplimiento de su destino.

—Chris Broussard, reportero y analista de la NBA,
www.KingMovement.com

Durante más de veinte años viví como un «iniciado en la mafia», un soldado de alto rango en la familia mafiosa Colombo de Nueva York. Tuve la bendición de poder salir de esa vida y sobrevivir a algunos problemas graves para los que solo un Dios misericordioso y amoroso pudo haber provisto. Desde entonces he comprendido que ser un «iniciado en la mafia» fue una decisión errónea que una vez tomé, y que ser un «hombre que deja legado» es lo que ahora me esfuerzo por ser. Un hombre que deja legado posee todas las cualidades de carácter que se necesitan para ser un «verdadero hombre», una norma que todo individuo debe querer conseguir a lo largo de su vida. Sinceramente puedo afirmar que *Transformado: Los 7 pilares de un hombre que deja legado* presenta un *modelo* para cada hombre, que proporciona todas las cualidades de carácter que un individuo necesita para convertirse en un «verdadero hombre». Al hacerlo, dejará un legado ordenado por Dios para sus hijos, nietos y todos aquellos que serán muy bendecidos de haberse puesto en contacto con él. Hombres, recomiendo encarecidamente este libro. ¡Esta es una oferta que no deberían rechazar!

—MICHAEL FRANZESE, ex pandillero
de Nueva York con la familia mafiosa Colombo,
conferencista inspirador y escritor

¡Un llamado a todos los hombres! Es hora de asumir tus funciones. ¡Es hora de ser el hombre que fuiste destinado a ser! Joe Pellegrino y Jack Redmond están haciendo sonar la alarma para despertar a los hombres en todas partes y proporcionarles consejo sabio a fin de que puedan comprender por completo la impresionante bendición de la virilidad.

—KELLY WRIGHT, presentador de *Fox News*

¡Excelente libro! Con esta obra, Joe Pellegrino y Jack Redmond han puesto la mesa para una acción poderosa de Dios entre hombres. La sinceridad y transparencia de estos escritores son refrescantes, y las perspectivas son profundas. Que Dios nos ayude a convertirnos en hombres de integridad, ¡hombres que dejan legado!

—REV. PETER AMMERMAN,
pastor de Living Waters Church

Mi amigo, Joe Pellegrino, y Jack Redmond han escrito un libro muy bueno que será una bendición para muchos hombres. Debemos pensar en nuestro legado, no solo en qué deseamos hacer este fin de semana. Joe y Jack nos ayudan a centrarnos a largo plazo, en lo que realmente importa. Ese es un factor clave del éxito para todo el que desea ser buen esposo, gran padre y amigo fiel. ¡Vas a disfrutar este libro!

—El Honorable Gregory W. Slayton, autor del éxito de ventas a nivel mundial *Be a Better Dad Today: Ten Tools Every Father Needs*

Escrito en forma atractiva y realista, *Transformado* sienta grandes bases para que los hombres verifiquen la realidad de dónde se encuentran. ¡Aunque podemos hablar mucho como hombres, este libro te da el espacio para reflexionar y luego actuar! Si eres como yo, habrás luchado, estás luchando o lucharás con una o más de estas áreas. Lee este libro porque aquí hay sabiduría. No te desilusionarás. ¡También es fabuloso para discusiones en grupos de hombres!

—Chuck Eapen, presidente y director ejecutivo de C12 Group, norte de Nueva Jersey

La mayor aprobación de un libro como *Transformado* es si el contenido funciona de veras en situaciones de la vida real. Personalmente he participado en grupos que utilizan el material de los siete pilares, y los resultados son extraordinarios. ¡Han cambiado vidas! *Transformado* es fresco y práctico, y traduce las verdades de los principios bíblicos descritos en varias formas que los hombres pueden captar e implementar en sus vidas. Si estás buscando un manual para la masculinidad, ¡este es el libro para ti!

—Joe Battaglia, locutor y presidente de Renaissance Communications, una empresa de comercialización de medios de comunicación, y autor de *The Politically Incorrect Jesus* y *That's My Dad!*

*Transformado: Los 7 pilares de un hombre que deja legado* te ayudará al proporcionarte las herramientas necesarias para que, como hombre, edifiques un fuerte fundamento en Cristo. Joe y Jack te enseñarán a priorizar tu vida, asegurando que tu legado influirá no solo en quienes te conocen personalmente, sino también en las vidas de generaciones futuras. Se trata de un libro de lectura obligatoria si quieres asegurar tu legado como discípulo de Cristo.

—Rob Billingham, director ejecutivo de
Training Camp Men's Ministries

Una de las mayores necesidades en nuestra sociedad moderna es ayudar a los hombres a ser esposos y padres dinámicos. *Transformado* puede ayudarles a forjar la fortaleza y el carácter que se necesitan para vivir y superar los retos de la vida, ¡y salir victoriosos!

—Malik M. Carey, vicepresidente y jefe de operaciones
del ministerio de hombres K.I.N.G. Movement,
www.KingMovement.com

Nos gustaría dedicar este libro
a nuestras familias que nos aman,
a nuestros amigos que nos apoyan y
a nuestro Señor que nos salvó.

*—Joe y Jack*

# CONTENIDO

# PREFACIO

El verdadero problema con la cultura en la que vivimos hoy día es que todos sabemos que hay un problema pero pocos nos esforzamos por encontrar una solución. Luego aparece un hombre llamado Joe Pellegrino, quien no solo reconoce los problemas, sino que tiene soluciones piadosas que pueden librarnos del letargo y la falta de responsabilidad que son tan frecuentes en el ministerio masculino actual.

Tenemos la tendencia a creer que los problemas masculinos pueden solucionarse con programas que principalmente involucran al hombre en actividades seculares semiespirituales. Pero muchos intentos fallidos nos llevan a creer que esa no es una solución adecuada. *Transformado: Los 7 pilares de un hombre que deja legado* no es un libro de suposiciones teóricas. Al contrario, realmente presenta siete pilares que deben establecer como absolutos en sus vidas todos los hombres que se esfuerzan por dejar un legado perdurable.

Resulta difícil vivir sin una estrategia. Sin embargo, muchos hombres vagan por la vida cometiendo equivocaciones de las que casi no aprenden nada, lo cual se evidencia por el hecho de que vez tras vez cometen las mismas equivocaciones. Este libro está diseñado para detener esa espiral descendente y dar esperanza a los hombres de que pueden llegar a la cima. Oración, personalidad, pureza, propósito, prioridades, perseverancia y poder son armas eficaces que, si se colocan en el arsenal de un hombre, garantizarán su éxito en el intento de triunfar en la vida. Creo que esta es una lectura obligatoria para todo hombre que desee dejar un legado.

—Obispo Roderick R. Caesar

## Prólogo

# ALGUNOS ANTECEDENTES

Me llamo Joe Pellegrino, y solo soy un individuo normal, un ciudadano promedio. El 26 de mayo de 1995 es mi fecha de recuperación. Fue ese día, durante una conferencia de Cumplidores de Promesas en Washington, DC, que Dios me ofreció una segunda oportunidad. Y la tomé, poniendo mi vida en las manos de Jesucristo. Comprendí el vergonzoso remedo de hombre que yo había sido en los primeros treinta y tres años de vida: había mucho pecado. Me refiero a *muchísimo* pecado. Pero todo comenzó a cambiar el día en que acepté el regalo de caminar con Jesucristo. A partir de entonces, mi vida ha sido un proceso de crecimiento y de transformación y, a veces, incluso de fracaso.

Antes de conocer a Cristo, yo había estado levantando mi vida como el hombre que construye su casa sobre la arena. Me faltaban cimientos sólidos. Sin embargo, ese día de 1995 cambié el fundamento de arena y lo reemplacé por uno de roca sólida (Lucas 6:46-49). Este nuevo inicio me dio una base firme sobre la cual edificar mi vida, pero esto solo fue el comienzo. Finalmente tuve el fundamento correcto, pero todavía necesitaba el resto de la casa.

La estructura interna, hecha de columnas y vigas, viene a continuación y sostiene todo lo demás. Demasiados hombres se detienen con el fundamento de su nueva vida en Cristo. Pero es importante comprender que Jesucristo no vino solo a salvarnos de nuestro pecado; vino para que por medio de su poder divino pudiéramos construir una vida nueva y diferente en Él (Juan 10:10).

Así como mi vida antes de Cristo carecía de un fundamento sólido, también tenía pilares defectuosos. Un pilar sostiene peso, y se necesitan varios pilares para sostener una estructura. Hasta aquel crucial día en DC, mis pilares o no existían o se habían desmoronado bajo el peso de mi existencia y mi pecado. Estos pilares se levantaron con materiales baratos y de mala calidad. A fin de construir rápidamente mi imperio, solía tomar atajos y optar por la salida fácil. Entre las tormentas de la vida y bajo el peso del pecado descubrí que mi obra había sido insuficiente.

A través de muchas experiencias dolorosas comprendí que como fundamento sobre el cual edificar necesitaba algo más fuerte y más confiable que yo mismo, y descubrí que necesitaría mejores pilares que sostuvieran todo. Ese día de 1995, después de treinta y tres años de pagar caro por mi diseño defectuoso, comencé a trabajar con un mejor proyecto. Cambié mis planes de vida por los de Dios. Fue un momento estupendo, pues así comenzó el trayecto de reconstrucción.

## Una vida de influencia duradera

Este libro te indicará el fundamento de Jesucristo y te ayudará a edificar una vida en Él. También te mostrará los tipos de estructuras que Jesús desea para tu existencia. Los cimientos y las columnas descritas resultarán en una vida de influencia perdurable; es más, son la clave para llegar a ser un hombre que deja legado. Aclaremos que esta es una obra escrita por hombres con defectos. No es un sustituto de la Biblia, el libro escrito por el mismo Autor de la vida. Por tanto, la Biblia es el manual que estudiaremos. La obra que está ahora delante de ti, *Transformado*, está diseñada para ayudarte a recorrer el camino con Dios.

Como fundador de Legacy Minded Men [Hombres que dejan legado], una organización dedicada a «transformar vidas al involucrar, animar y preparar a los hombres para que edifiquen un legado centrado en Cristo», he aprendido que dedicar tiempo, invertir correctamente en materiales y tener al constructor correcto es determinante en el mundo. He descubierto siete pilares que pueden soportar las pruebas de la vida.

Estos siete pilares son habilidades no negociables que los hombres pueden y deben dominar y utilizar para erigir su vida sobre el nuevo y sólido fundamento. Estos pilares soportarán peso sin importar cómo sea tu vida. Y perdurarán más allá de ti. No querrás tan solo contar con una buena temporada o una buena carrera, sino tener una buena vida que influya en las generaciones siguientes… ese es tu legado. Si construyes bien, lo que edificas permanecerá mucho tiempo después que dejes este mundo. Esta es la manera en que piensa un hombre que deja legado.

## *¿Cuál es el legado de un hombre?*

Legado [del latín *legātum*], plural legados.

1. *Ley.* Disposición legalmente formalizada que de un bien o de una parte del conjunto de sus bienes el testador hace a favor de alguien y que debe ser respetada por el heredero o herederos.

2. Aquello que se deja o transmite a los sucesores, sea cosa material o inmaterial.[1]

1. «Legado», Real Academia Española, http://dle.rae.es/srv/fetch?id=N3sRlq9|N3sqQho.

Un legado es un regalo de propiedad, el cual por lo general lo obsequia un antepasado o predecesor. Pero la definición también podría incluir habilidades y ejemplos que aprendemos de quienes nos han precedido. Esto significa que un hombre que deja un legado vive para entregar como herencia algo valioso a sus hijos, a la siguiente generación, a la iglesia o a la sociedad como un todo. Algunos de estos regalos son materiales, pero muchos son espirituales o basados en el carácter.

La realidad es que todos dejamos algo. Algunas personas dejan regalos preciados, otras dejan deudas. Algunos hombres dejan gran moral e historia familiar, mientras otros dejan un caos total. Algunos dejan una fuerte herencia espiritual, otros dejan pecado generacional. Lo más probable es que tengas ciertas posesiones o rasgos de carácter que te sientas orgulloso de transmitir. Y es aún más probable que tengas cosas que ruegas que se terminen contigo.

Si ese es el caso, entonces tal vez seas como yo. Antes que Dios comenzara su obra en mi vida, mi legado no era bueno, así que hice algunos cambios. Y creo que eres suficientemente hombre para también realizar cambios. Si el legado que ahora estás dejando apesta, no te rindas. Al contrario, ten el valor para cambiarlo. Mientras tanto, debes saber que no te encuentras solo.

## Ayer ya pasó

He fallado muchas veces en mi vida. También he tenido muchos triunfos. Ambos extremos han sido parte de mi vida: la emoción de la victoria y la agonía de la derrota. Lo cierto es que he atravesado ambas situaciones. Aunque la victoria y el éxito me han impulsado a hacer cosas más grandes, probablemente he aprendido más del fracaso. Por eso es que hace mucho tiempo decidí permitir que el fracaso fuera mi entrenador, y lo invité a que me enseñara lo que realmente debo saber.

En el proceso decidí que triunfaría en la vida. Aunque mi definición de triunfar definitivamente ha cambiado con los años, ahora sé que la única victoria es en Cristo y solo en Cristo. También decidí llevar una existencia que influyera mucho después de mi muerte. No quería ser alguien que viviera cómodamente ahora, pero que no hiciera nada por hacer del mundo un lugar mejor. Además, decidí ayudar a otros hombres a triunfar donde yo había fallado, enseñándoles a ser esposos y padres en maneras que yo no lo fui.

Deseo invitarte a elegir la victoria y a que ayudes a otros a triunfar. Me encantaría ayudarte a hacer esto. Pero recuerda que así como cuando la cabina en un avión pierde presión y las máscaras de oxígeno bajan, lo primero que debes hacer es ayudarte. Solo entonces podrás ayudar a otros.

Un hombre que deja legado vive de modo victorioso, día tras día. Honra a Dios, ama a su esposa, adiestra a sus hijos y supera el fracaso porque entiende que Dios lo creó para triunfar. Todo esto es un proceso y *Transformado: Los 7 pilares de un hombre que deja legado* es un plano del recorrido. Puedes batear y fallar, pero tienes que regresar a la base y batear otra vez. Si quedas fuera, te esfuerzas, te ejercitas y te entrenas, entonces puedes volver a la base. Sigues esforzándote. Cuando estás al final de la novena entrada logras ese jonrón. Para hacer eso es que Dios te creó, y los hombres que dejan legado están aquí para ayudarte a llegar allá.

## *Puedes cambiar*

Soy prueba viva de que cualquiera puede cambiar. De niño, adolescente y adulto joven yo era un mentiroso crónico. Es más, mentía tanto que en realidad creía las mentiras que estaba diciendo, hasta el punto que hoy día, todavía no puedo descifrar si algunos hechos fueron producto de mi imaginación o sucesos reales que ocurrieron de veras. También aceptaba las mentiras que la sociedad me decía, pero finalmente aprendí de la Palabra de Dios que la verdad me hacía libre. Así que tomé la decisión de detener la mentira habitual, dejar de aceptar las mentiras de los demás y, principalmente, terminar con la vida de mentiras.

Mi oración es que a través de *Transformado* Dios te ayude a triunfar en la vida. Estos siete pilares se centrarán en la Palabra de Dios... lo que Él dice respecto a la vida y cómo debemos vivirla. Contestaremos preguntas como:

- ¿Por qué los siete pilares son cruciales para construir mi legado?
- ¿Cómo se ve esto en la vida real?
- ¿Cómo salgo de esto?
- ¿Cómo edifico estos pilares en mi vida?

A medida que lees este libro encontrarás más de setecientos casos en que se usa «yo». La universidad Stanford realizó un estudio que reveló que solo el 5% de sus alumnos podía recordar puntos pronunciados en una conferencia cuando las estadísticas eran el fundamento de la charla. Pero más del 60% de ellos fueron capaces de recordar una conferencia en que se presentaba una historia «en primera persona» para consolidar el mensaje. Así que mi amigo y coautor, Jack Redmond, y yo nos sentimos dirigidos a contar historias, principalmente de nuestras vidas, con el fin de ilustrar cada pilar presentado. Algunas harán que nos veamos mal. No tenemos problema con eso, porque sabemos que todos hemos hecho cosas de las que nos avergonzamos. No obstante, algunas de las historias nos harán parecer buenos. No estamos tratando de presumir, solo queremos ayudarte a recordar los pilares.

Es más fácil construir un gran legado cuando te rodean otros hombres que dejan legado. Únete a nosotros. Nuestro equipo es grande y fuerte, y crece todos los días. Puede que seas alguien común y corriente, igual que yo, imperfecto en muchas maneras, pero eso no debería impedirte ser valiente y hacer grandes cosas en el nombre de Dios y para su gloria.

Pablo describió de una manera concisa qué es ser un hombre que deja legado: «Velad, estad firmes en la fe; portaos varonilmente, y esforzaos. Todas vuestras cosas sean hechas con amor» (1 Corintios 16:13-14). Así es como he decidido vivir. ¿Y tú? Recuerda que el ayer no tiene que definirte si usas el hoy para redefinirte. Tú decides. ¡Aprovecha el momento!

—Joe Pellegrino

el regalo gratuito del pecado mediante la obra pecaminosa de un hombre. Pero, como con cualquier obsequio, la salvación debe recibirse. Pablo escribe de esto en Romanos 5:12-21:

> Por tanto, como el pecado entró en el mundo por un hombre, y por el pecado la muerte, así la muerte pasó a todos los hombres, por cuanto todos pecaron. Pues antes de la ley, había pecado en el mundo; pero donde no hay ley, no se inculpa de pecado. No obstante, reinó la muerte desde Adán hasta Moisés, aun en los que no pecaron a la manera de la transgresión de Adán, el cual es figura del que había de venir.
>
> Pero el don no fue como la transgresión; porque si por la transgresión de aquel uno murieron los muchos, abundaron mucho más para los muchos la gracia y el don de Dios por la gracia de un hombre, Jesucristo. Y con el don no sucede como en el caso de aquel uno que pecó; porque ciertamente el juicio vino a causa de un solo pecado para condenación, pero el don vino a causa de muchas transgresiones para justificación. Pues si por la transgresión de uno solo reinó la muerte, mucho más reinarán en vida por uno solo, Jesucristo, los que reciben la abundancia de la gracia y del don de la justicia.
>
> Así que, como por la transgresión de uno vino la condenación a todos los hombres, de la misma manera por la justicia de uno vino a todos los hombres la justificación de vida. Porque así como por la desobediencia de un hombre los muchos fueron constituidos pecadores, así también por la obediencia de uno, los muchos serán constituidos justos. Pero la ley se introdujo para que el pecado abundase; mas cuando el pecado abundó, sobreabundó

> la gracia; para que así como el pecado reinó para muerte, así también la gracia reine por la justicia para vida eterna mediante Jesucristo, Señor nuestro.

Nuestro dilema en realidad es muy sencillo: ¿Queremos recibir el regalo del perdón por medio de lo que Jesucristo hizo en la cruz, o queremos pagar nosotros mismos por nuestro pecado y quedar eternamente separados de Dios?

Recibimos el perdón de nuestros pecados por medio de la fe en lo que Jesucristo hizo en la cruz y sometiendo nuestras vidas a Él como nuestro Señor y Salvador. Él se convierte en nuestro Salvador cuando ponemos nuestra fe en Él, a causa de la obra en la cruz. Él se convierte en nuestro Señor cuando decidimos colocarlo a cargo de nuestra vida. Ambas cosas van juntas y, cuando ponemos nuestra vida bajo su liderazgo, establecemos a Cristo como nuestro fundamento, ahora y por toda la eternidad.

## *Tu fundamento*

Todos hemos visto las secuelas de los terremotos y el daño que causan. Algunos edificios se derrumban mientras otros quedan de pie. La razón de que algunos permanecen es que sus cimientos eran bastante fuertes para soportar la tensión del terremoto. Todos los edificios fueron puestos a prueba, pero solo permanecieron aquellos con los cimientos más firmes.

De igual modo, todos los hombres enfrentan tensión en sus vidas. Algunos pueden atravesarla y seguir de pie cuando todo ha pasado, mientras que otros se derrumban y caen. Estar de pie ante la tensión significa permanecer fiel a tu esposa, ser disciplinado para ir a trabajar todos los días, esforzarte, y mantener una moral y un enfoque espiritual. Derrumbarse significa tomar la salida fácil, renunciar a tu matrimonio, emborracharte o drogarte, o incluso sumergirte en la pornografía para esconderte de la tensión. En algún momento de nuestras vidas todos enfrentaremos sufrimientos y tormentas, pero mi pregunta es: ¿permanecerá lo que estás construyendo, o será arrastrado por las presiones de la vida? Jesús nos declara esto de forma sencilla:

> Cualquiera, pues, que me oye estas palabras, y las hace, le compararé a un hombre prudente, que edificó su casa sobre la roca. Descendió lluvia, y vinieron ríos, y soplaron vientos, y golpearon contra aquella casa; y no cayó, porque estaba fundada sobre la roca. Pero cualquiera que me oye estas palabras y no las hace, le compararé a un hombre insensato, que edificó su casa sobre la arena; y descendió lluvia, y vinieron ríos, y soplaron vientos, y dieron con ímpetu contra aquella casa; y cayó, y fue grande su ruina (Mateo 7:24-27).

¿Cuál es tu fundamento hoy día? Pudiste haber escogido este libro porque quieres ser mejor esposo o mejor padre, tal vez quieras construir un legado que bendiga a tus hijos y nietos; o quizá quieres influir en la sociedad y cambiar la cultura en que vives. Todas esas son razones nobles para haber escogido este libro, pero el plan que Jack y yo estamos comunicando empieza con Cristo como el fundamento de tu vida. ¿Comenzaste alguna vez una relación personal con Jesucristo? No estoy hablando de ir a la iglesia ni de «ser espiritual». Más bien estoy hablando acerca de que Jesucristo sea tu Señor y Salvador.

Si quieres comenzar hoy una relación personal con Jesucristo, solo tienes que pronunciar de todo corazón una corta plegaria:

> Jesucristo, quiero estar en tu equipo y que seas mi fundamento. Anhelo que me guíes y te encargues de mi vida.

Deseo comenzar hoy una nueva vida siguiéndote. Sé que he pecado y que he estado separado de ti. Gracias por morir en la cruz a fin de pagar por mis pecados. Pongo mi fe en ti y en la obra de la cruz para pagar por todos mis pecados, y te pido perdón. Por favor, fortaléceme cada día para seguirte. Oro en tu nombre. Amén.

Una vez que tengas un fuerte fundamento como base, al aceptar a Jesucristo como tu Salvador y Señor, es hora de empezar a construir. ¿Estás listo para empezar?

## Pilar 1

# ORACIÓN:
# TODO EMPIEZA AQUÍ

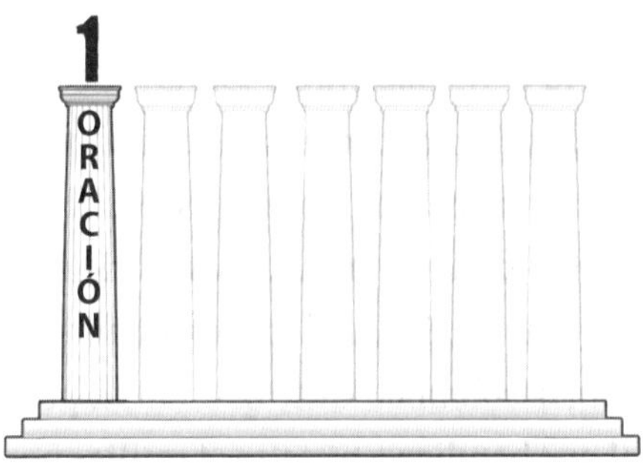


Ser cristiano sin orar no es más posible
que estar vivo sin respirar.
—Martín Lutero

Codiciáis, y no tenéis; matáis y ardéis de envidia,
y no podéis alcanzar; combatís y lucháis, pero
no tenéis lo que deseáis, porque no pedís.
—Santiago 4:2

**Advertencia:** Este es el capítulo más importante del libro. Podría asustarte.

Si luchas por hacer de la oración una parte significativa de tu vida, no estás solo. La mayoría de hombres duda del poder de la oración o le aburre la idea de sentarse a hablar con alguien a

estaba gritándome. Sí, oraba, pero no podía llamarme un «hombre de oración». Sin embargo, desde que oí esa pregunta he estado creciendo en el área de la oración. Ciertas cosas solo suceden con el tiempo, y requieren mucho tiempo si deseas una experiencia profunda y rica. He aprendido a hacer de la oración una mayor prioridad en vez de que mis obras por Cristo sean lo prioritario.

## *Ajusta el reloj para orar*

Mi vida de oración (de Jack) tiene dos áreas. Al igual que Joe, me gusta orar a lo largo del día a medida que cosas diferentes me llegan de golpe, pero también en mi horario cotidiano separo momentos para oración enfocada. Si voy a pasar tiempos significativos en oración, tengo que programarlos. ¿Qué quiero decir con eso? En primer lugar, trato de orar durante treinta minutos cada mañana. Me levanto, voy a la cocina, ajusto treinta minutos en el temporizador y oro hasta que suene. Algunos días me distraigo y me salto el tiempo de oración, pero la mayoría de veces esta es mi rutina matutina. También programo días de oración y ayuno a lo largo del año. Esto podría parecer rígido, pero es lo que tengo que hacer; de otra manera trabajaré y oraré muy poco.

Al igual que cualquier nueva habilidad, al principio era difícil orar durante media hora, pero con el tiempo se ha vuelto mucho más fácil. Muchos días los treinta minutos vuelan, y a veces no parecen suficientemente largos. En muchas ocasiones continúo hasta que «siento» que he terminado.

Para crecer debí retarme. Tuve que dejar de aceptar la situación actual de mi vida espiritual. Si podía ver por televisión un partido de dos o tres horas y no pasar media hora con mi Señor y Salvador, entonces mis prioridades no eran las correctas. No estoy diciendo que haya algo malo con ver partidos por televisión (invítame y comamos algunas alitas picantes de pollo), pero la fe madura y el legado espiritual no suceden por ver a un jugador de fútbol americano derribando o anotando un *touchdown*. Solo viene al ser hombres de oración.

## *Tiempos de oración y ayuno*

Al ser un nuevo cristiano, me hallaba (Jack) tan emocionado por todo lo que Dios estaba haciendo en mi vida que quería más. Cada vez que hacía algo que mi pastor u otros líderes de la iglesia me pedían que hiciera, era como si mi vida espiritual se impulsara a un nuevo nivel. Así que, en 1998, cuando mi pastor declaró que la iglesia iba a hacer un ayuno de diez días, formé parte. Era un ayuno parcial, lo cual significaba que yo podía consumir una comida al día pero me saltaba las otras dos. La idea era que, además de tu tiempo regular de oración, el tiempo que normalmente pasas en esas comidas estarías orando.

Acepté: nada de desayuno ni almuerzo. En lugar de eso leía la Biblia y oraba. La solución a problemas que enfrentaba se aclaró en gran manera y sentí más a Dios durante esos días. Con los años he seguido ayunando periódicamente, a veces saltándome dos comidas y, en otras ocasiones, excluyendo todo menos agua. Sinceramente puedo decir que cada vez que ayuno he experimentado crecimiento, mayor claridad, y aumento de cercanía y dirección de parte del Señor.

Ayunar ha sido especialmente útil cuando he necesitado renovación espiritual o ayuda para derribar fortalezas de Satanás como la lujuria, la ira o la falta de perdón. Ayunar debilita y domina la carne mientras fortalece el espíritu. Esto te permite dominar tu naturaleza, sanar y llegar a ser más como Cristo.

## Los hombres que dejan legado son hombres de oración

Los hombres que dejan legado no quedan atrapados en el desaliento; convierten sus problemas en oraciones y observan cómo Dios transforma la situación que experimentan. Sí, orar es trabajo. Una razón de que los hombres la eviten es que perciben la oración como algo pasivo, pero cuando deliberadamente participan en tiempos de oración se dan cuenta de que resulta ser trabajo duro, y muchos de ellos se dan por vencidos.

Convertirse en un hombre de oración no sucederá por accidente. Necesita entrenamiento. Así como un atleta trabaja en un reto físico, la oración es un reto espiritual que necesita mucho esfuerzo. Aunque es difícil, vale la pena. La receta para la victoria espiritual siempre incluye oración.

Como hombres enfrentamos un flujo constante de exigencias, problemas y situaciones críticas. Por tanto, debemos tomar una decisión: abordamos estos problemas con nuestras propias fuerzas u oramos pidiendo ayuda a Dios. Tal como los platos de pasta que un corredor come antes de una maratón, la oración es nuestro combustible para seguir adelante.

Al establecer el pilar de la oración puedes traer a Dios a cada situación por la que oras. Por tu cuenta estás limitado. La oración invita la presencia constante y el infinito poder de Dios para soportar tus problemas. También es parte clave para edificar los demás pilares de tu legado.

### *Reflexión*

¿Hay alguien en tu vida de quien quieras aprender realmente? Si pudieras reunirte con esa persona todos los días durante el tiempo que quisieras, ¿lo harías? Desde luego que sí. Del mismo modo, puedes pasar todo el tiempo que desees con el *Creador* del universo. La pregunta es: ¿por qué no lo haces?

## *En la práctica*

- Trata de estar siempre preparado para orar.
- Ten una lista de asuntos de oración.
- Agradece constantemente a Dios por lo que está haciendo en tu vida.
- Fija un tiempo deliberado para orar cada día.
- A lo largo del año, establece tiempos de oración con ayuno.

## *Versículos para estudiar*

- 1 Crónicas 4:10
- 2 Crónicas 7:14
- Salmos 141:1
- Jeremías 29:11-13; 33:3
- Daniel 9:3
- Mateo 5:44; 6:5-9
- Marcos 11:24
- Lucas 11:1
- Juan 14:14; 15:7; 16:24
- Romanos 8:26
- Filipenses 4:6
- Colosenses 4:2-3

- 1 Tesalonicenses 5:16-18
- Santiago 4:2-3, 6; 5:16
- 1 Juan 5:14
- Apocalipsis 5:8

## Pilar 2

# PERSONALIDAD: QUIEN ERES ES LO QUE ERES

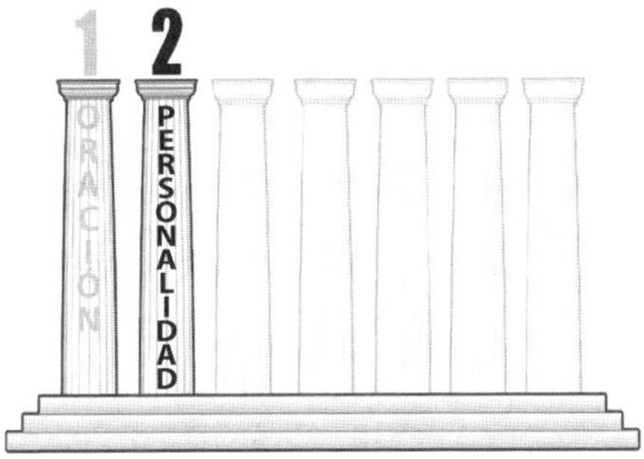


Sé tú mismo: los demás puestos ya están ocupados.

—Oscar Wilde

La posición que una persona ocupa en el mundo depende de la cantidad y la calidad del servicio que presta, sumado a la actitud mental con la cual se relaciona con los demás.

—Andrew Carnegie

### Hola mundo, así es como soy

Tu personalidad es cómo te presentas ante los demás. Es una combinación de tus dones y talentos, preferencias, ideas y actitudes.

Es más, tu personalidad determina tu tendencia a actuar en cierta manera en cualquier situación dada. Puedes considerarla el modo predeterminado de interactuar con el mundo. ¿Eres ruidoso? ¿Tranquilo? ¿Servicial? ¿Irritable? ¿Actúas como un viejo gruñón o como un gobernante joven y rico? ¿Tienes más de líder o más de seguidor? Todo esto viene de tu personalidad.

Hay quienes usan su personalidad para ocultar quiénes son realmente. Hay poca lógica entre sus vidas internas y externas; la personalidad de ellas es simplemente una máscara. Los casinos en Las Vegas han resuelto el truco. Uno con una Torre Eiffel simula ser París; otro con una Estatua de la Libertad se disfraza como Nueva York; y un casino construido como una enorme pirámide imita a Egipto. Solo son fachadas. Sin importar cuánto quieran creer lo contrario, los visitantes siguen jugando en las máquinas en medio del desierto de Nevada.

Sin embargo, un hombre de integridad con una personalidad sana no usa máscara. Su personalidad describe quién es en realidad, todo el tiempo, sin importar en qué situación se encuentre. Idealmente, nuestras personalidades honran a Dios y bendicen a los demás, pero, a veces, no es así. Nuestras personalidades han sido moldeadas por nuestro entorno, nuestra experiencia, nuestra educación, nuestras pruebas y luchas, nuestras victorias y nuestros fracasos. Por eso debemos poner aquí esta advertencia: los resultados pueden variar.

Hay buenas y malas noticias acerca de una persona. La mala noticia es que en el momento en que llegamos a la edad adulta, algunas áreas de nuestra personalidad están muy definidas. No obstante, con la contribución adecuada, muchos de los aspectos de nuestra personalidad pueden moldearse y cambiarse, lo cual es la buena noticia.

## Por favor, ¿puede ponerse de pie la persona ideal?

Muchos hombres están confundidos en cuanto a quiénes se supone que deben ser. La personalidad masculina ideal ha sido tema de mucho debate. Por una parte, a los hombres se nos dice que debemos ser fuertes proveedores que no titubeamos. Luego, a renglón seguido, se nos dice que seamos tiernos y sensibles. Somos bombardeados con exigencias contradictorias que nadie puede cumplir.

En un mundo ideal, cada niño y joven estará rodeado de modelos afectuosos de adultos que le indicarán el camino hacia la personalidad adecuada. No obstante, lo triste es que vivimos en un mundo lejos de ser ideal, y muchos hombres titubean torpemente en un lío confuso de mensajes mezclados respecto a qué realmente es la masculinidad. A falta de modelos y maestros, incluso los hombres que determinan exactamente la personalidad seleccionada, aún luchan por crearla. A menudo se espera que conozcan las cosas y actúen en formas que no se les ha mostrado.

Aquí es donde Dios cambia totalmente la situación. Él te creó y te dotó expresamente para ser *tú*. La fortaleza que tienes radica en eso, no en alguna personalidad manufacturada que alguien más desea que adoptes. Dar volteretas como loco para agradar a la gente podría funcionar de manera temporal, pero no es la forma de vivir la mayor parte del tiempo.

Para bien o para mal, estamos moldeados por nuestra crianza, y nos sentimos estupendamente cuando tenemos carácter firme y gran actitud. Pero hay un punto óptimo en la manera en que Dios nos ha programado. Como hombres que dejamos legado, debemos manifestar la personalidad que Dios quiso que tuviéramos.

## Plan de mejoramiento de la personalidad

Actitud y carácter son dos aspectos importantes de nuestra personalidad. Afortunadamente para nosotros, ambos responden bien al adiestramiento. La *actitud* se compone de los sentimientos, la disposición o la orientación mental que tenemos hacia una persona o cosa. El ejemplo clásico es el de dos personas que miran un vaso con agua hasta la mitad. Una sonríe y declara que el vaso está medio lleno, mientras que la otra frunce el ceño y lo declara medio vacío. La tendencia de ver el vaso como lleno o vacío está en nuestra actitud.

Una de las mejores maneras de comenzar a trabajar en la actitud es, en primer lugar, ponerle atención. Muchas veces, las personas simplemente sienten según se sienten. Es decir, en realidad no se preguntan si una mentalidad diferente es posible o incluso deseable. Como creyentes en Jesucristo tenemos muchas razones para tener buena actitud: Dios ha prometido estar siempre con nosotros; Él nos ha dado su Espíritu para que viva dentro de nosotros; nos ha dado poder sobre nuestras tendencias pecaminosas; y nos ama de manera incondicional. Armados con tales verdades, los hombres pueden enfrentar su situación actual y sus temores al futuro con una seguridad plena de esperanza. Como se dice: pueden «mantener la calma y seguir adelante». Ese es el tipo de actitud que caracteriza al hombre que deja legado.

El otro aspecto indispensable de la personalidad es el *carácter.* Según el diccionario, el carácter tiene tres aspectos: es la suma de todas las partes que equivalen a lo que somos, es nuestro comportamiento moral o ético, y finalmente es nuestra reputación.

En su libro clásico *Liderazgo espiritual*, J. Oswald Sanders escribió, destacando la importancia del carácter: «Todo cristiano está obligado a ser lo mejor que pueda ser para Dios».[2] Como hombres que dejan legado, debemos tomar en serio el desarrollo del carácter. Si queremos tener el mejor carácter posible, entonces debemos tomar en serio el modo en que actuamos hacia otras personas. ¿Eres simpático, amable y positivo? ¿O es difícil hablar contigo, difícil conocerte o eres quejumbroso? Si caes en el segundo grupo, entonces es hora de cambiar. No importa lo arraigados que estén estos comportamientos, puedes mejorarlos.

Ser serios respecto al carácter también requiere una norma de no tolerancia cuando de mala moral o ética se trata. No muchos de nosotros asistimos a academias militares, pero el código de honor del cadete en West Point puede guiarnos éticamente cuando declara: «No mientas, no engañes, no robes, ni toleres a quienes así se comportan».

Finalmente, piensa en tu reputación. ¿Confía la gente en ti? ¿Deberían confiar? Si tus errores pasados te han dejado con mala reputación, es hora de empezar a construir algo nuevo. Ve a las personas que has herido y pide perdón. Diles que lo sientes. Pero no te detengas simplemente ahí: debes reconstruir la confianza mostrando a las personas que eres digno de ella. Empieza con pequeñeces: llega a tiempo al trabajo, saca la basura cuando debas hacerlo, paga tus cuentas a tiempo.

Aunque sin duda es posible, y muchas veces deseable, trabajar en nuestras personalidades no siempre es fácil. Necesitamos la ayuda de nuestras amistades.

## *El poder de tu círculo íntimo*

Muchos hombres están distanciados de sus esposas y tienen pocos amigos, si es que los tienen. Carecen de personas adecuadas en sus

2. J. Oswald Sanders, *Liderazgo espiritual* (Grand Rapids: Editorial Portavoz, 1995), p. 113.

vidas que les ayuden a lograr éxito espiritual, comercial o económico. Estos hombres padecen el síndrome del lobo solitario. Son llaneros solitarios sin Toro, Tarzán sin Jane, George Steinbrenner sin los Yankees. Las personas sobreviven así, pero no prosperan. Dios no nos creó para estar solos, sin apoyo o desconectados de los demás. Nuestro círculo íntimo de personas allegadas tiene enorme influencia en la calidad de nuestra vida... emociones, realización, camino espiritual y posición económica.

Las amistades pueden formar o destruir nuestra personalidad. El efecto negativo de los amigos se explica en 1 Corintios 15:33, donde Pablo nos recuerda: «Las malas compañías corrompen las buenas costumbres» (NVI). Pero lo contrario también es cierto: la buena compañía promueve el buen carácter con la misma fuerza. Los amigos nos estimulan a ser mejores o nos ayudan a ser peores. Con quiénes decidimos pasar tiempo importa en gran manera. En su libro *Las 21 leyes irrefutables del liderazgo*, John Maxwell afirma: «El potencial de cada líder está determinado por las personas más cercanas a él».[3] No solo estamos de acuerdo con Maxwell, sino que ampliaremos esa ley a fin de incluir a cada hombre que deja legado.

Yo (Joe) entiendo la forma de pensar de llanero solitario porque me crie como un solitario. Fui solitario como hombre de negocios, y no tuve relaciones cercanas y confidentes hasta mucho más tarde en la vida. Hasta que Legacy Minded Men se volvió una realidad, no comprendí el efecto negativo de mi posición de lobo solitario. Por primera vez comprendí realmente que debía formar parte de un equipo. Estaba listo para rodearme de hombres con madurez. En muchas maneras, Legacy Minded Men existe porque yo lo necesitaba más que nadie.

---

3. John C. Maxwell, *Las 21 leyes irrefutables del liderazgo: Siga estas leyes, y la gente lo seguirá a usted* (Nashville, TN: Grupo Nelson, 2011), p. 188.

Debido a mi pasado, este fue un proceso lleno de contrariedades. Hasta que comenzó Legacy Minded Men, la mayoría de personas que afirmaba «preocuparse» por mí generalmente lo hacía porque quería algo de mí. Como resultado de tales experiencias y relaciones luché por diferenciar entre los que estaban jugando conmigo y los que de veras se preocupaban por mí. Sin embargo, con el tiempo el Señor ha hecho que las cosas me resulten más fáciles. La prueba que utilizo es esta: las personas que se preocupan realmente regresan para preguntarme cómo me está yendo, cualesquiera que sean mis circunstancias personales.

Una de esas personas es mi buen amigo Jim Henry. Cuando estaba reclutando hombres para que formaran parte de lo que se convertiría en Legacy Minded Men, un amigo me sugirió que contactara a Jim. Nos reunimos poco después y le conté la visión. Él escuchaba todo el tiempo, aunque no reaccionaba en absoluto. Puesto que soy un italiano emocional, tomé su silencio como señal de que no estaba interesado. Pero después que terminé de hablar, finalmente habló. Para mi sorpresa, dijo dos simples palabras: «Me apunto». ¡Me puse feliz! Desde entonces, Jim se ha convertido en un segundo padre para mí, un hombre por quien yo haría cualquier cosa. Mi círculo íntimo de personas allegadas estaba formándose.

## *Tu padre: la clave de tu círculo íntimo*

Tu relación con tu padre fija la «norma» para ti. El propósito de Dios para los padres es establecer normas, límites y comportamientos que sean piadosos y prudentes. Según Proverbios 22:6 («Dirige a tus hijos por el camino correcto, y cuando sean mayores, no lo abandonarán» [NTV]), se supone que los padres deben preparar a sus hijos en maneras piadosas, mostrándoles cómo guiarse por la vida.

Muchos hombres se han beneficiado de la influencia de grandes padres, pero otros han quedado atascados porque no tuvieron un padre que les enseñara a vivir como hombres. Tristemente, cada vez es mayor la cantidad de hombres que se crían sin la influencia y la enseñanza de un padre presente. De acuerdo con el Ministerio de Justicia de Estados Unidos: «La ausencia del padre es un problema creciente en la nación y es un factor influyente en muchos de los retos que las familias enfrentan. Cuando los papás no están cerca, es más probable que los chicos abandonen sus estudios, usen drogas, se involucren en el sistema penal de justicia, y se conviertan en padres o madres siendo aún muy jóvenes».[4]

Obviamente, más hombres que nunca antes luchan por sobrevivir sin la valiosa preparación que brinda un buen padre. Estos hombres no tienen estrategias de juego o las que tienen son defectuosas. Cuando las tormentas de la vida azotan, estos seres huérfanos de padre no tienen un plan, y el miembro más importante de su círculo íntimo (el querido viejo) no está allí para que puedan apoyarse en él.

## Personalidad en acción: Caso de estudio

Mike Tyson dijo una vez: «Todo el mundo tiene un plan, hasta que recibe un puñetazo en la boca».[5] Tyson fue un boxeador increíblemente dotado y con gran ética laboral, pero eso no fue suficiente para triunfar en la vida. Cuando se encontró en una situación difícil, su personalidad quedó corta. Una mirada más cercana a

---

4. «Responsible Fatherhood», Centro del Ministerio de Justicia de Estados Unidos para asociaciones basadas en fe y vecindad, http://ojp.gov/fbnp/fatherhood.htm.

5. Samuel Ha, «Top 30 Greatest Mike Tyson Quotes», Mighty Fighter, http://www.mightyfighter.com/top-30-greatest-mike-tyson-quotes/.

la historia de su vida muestra cómo los elementos clave para una gran personalidad no estaban en su lugar para Tyson.

En una obra autobiográfica que escribió para la revista *New York*, Tyson describe sus años de crianza. Según Mike, su padre no se encontraba cerca y su madre estaba borracha «todo el tiempo». Después de recibir una paliza en la escuela, Tyson dejó de ir... solo tenía siete años de edad. Poco después se involucró con una pandilla y comenzó a robar casas. Luego, a instancias de otros chicos, Mike comenzó a pelear, ganando no solo dinero sino también respeto. Lo arrestaron a menudo y, a los doce años de edad, Tyson fue enviado a un centro de detención juvenil.

De niño y adolescente, el círculo íntimo de Tyson estaba completamente viciado, pero era lo único que tenía. Él escribió: «Ciertas personas podrían leer algunas de las cosas a las que estoy refiriéndome y juzgarme como adulto, tildándome de delincuente. Pero hice todo eso hace más de treinta y cinco años. Yo era un niño pequeño en busca de amor y aceptación, y en las calles fue donde encontré todo eso. Fue la única educación que tuve, y estos individuos fueron mis maestros».[6]

En el centro de detención juvenil, Tyson conoció a Cus D'Amato, un entrenador de boxeo que le cambiaría la vida. D'Amato prometió hacer de Mike «el campeón de pesos pesados más joven de todos los tiempos».[7] Tyson recuerda ese comentario de parte de D'Amato como la primera vez que oyó que alguien dijera algo agradable respecto a él.

El círculo íntimo de personas de Tyson incluía ahora a D'Amato. Este hombre mayor que él definitivamente le ayudó a triunfar, pero la influencia estaba enfocada en el boxeo. Mike

6. Mike Tyson, «My Life As a Young Thug», revista *New York*, http://nymag.com/news/features/mike-tyson-2013-10/index1.html.

7. *Ibíd.*

escribió: «Cus quería el peleador más malo que Dios hubiera creado alguna vez. Me entrenó para ser totalmente feroz, en el cuadrilátero y fuera de este».[8]

Cuando D'Amato falleció, Tyson quedó a la deriva. Siguieron divorcios y bancarrota, una condena por violación, y prisión. Al igual que muchos otros hombres, Mike no tuvo un padre que le enseñara las habilidades básicas de la vida. Tyson falló a menudo, de manera pública y perjudicial. Mientras estuvo vivo, Cus lo había protegido, pero no le dejó el tipo de legado en que Mike podía confiar. La falta de un círculo íntimo en la vida privada lo llevó a la caída de su carrera.

Quizá la ilustración más gráfica de la debilidad de carácter con que Tyson luchaba ocurrió durante la pelea por el campeonato en 1997 de la Asociación Mundial de Boxeo contra Evander Holyfield. Tyson se encontraba en una situación difícil, y respondió como el peleador «más cruel… y totalmente feroz» que D'Amato había entrenado para que fuera: el boxeador le mordió la parte superior de la oreja a Holyfield. Le suspendieron temporalmente la licencia y lo descalificaron de la pelea.

## *Cambiar una personalidad mala por una peor*

Todos podemos criticar a Tyson y a otras celebridades por su mala personalidad o su falta de ella, pero la realidad es que tuve (Joe) que hacer varios intentos antes de entenderlo. Podrías estar en la misma situación.

Al crecer, me sentía muy mal con muchas espinillas. Según manifesté, yo era un individuo solitario. Tenía amigos pero no relaciones cercanas. Me gustaban las chicas pero no era exactamente el tipo más popular con las damas. Tenía muy baja autoestima.

8. *Ibíd.*

Y todo esto me llevó a una conclusión: haría una renovación en mi personalidad antes de ir a la universidad. Nadie en la institución me había conocido antes, así que vi el inicio de mis días universitarios como una oportunidad para hacer un cambio de personalidad. Por tanto, decidí reinventarme.

¿Qué nueva personalidad elegí? El fanfarrón que aparecía en toda oportunidad. Estaba convencido de que a algunas chicas les gustaría, y creí que esta personalidad particular me haría ganar el respeto de otros tipos. ¿Y sabes qué? Funcionó.

Algunos aspectos positivos surgieron de mi experiencia de mejora. Aprendí que era posible cambiar mi personalidad y las percepciones que otras personas tenían de mí. También aprendí que era más líder de lo que sabía. Pero el nuevo «yo» también tenía un lado deplorable. Llegué a ser un buen cretino superficial. La nueva personalidad era simplemente una fachada para enmascarar mi inseguridad… no solucionó el problema; solamente lo sacó de la vista. El resultado de todo mi esfuerzo por cambiar mi personalidad equivalió a una solución temporal para un niño inmaduro. En vez de tener carácter, me convertí en un actor.

## *Mi pedantería me ayudó a no conseguir empleo*

Me tomó un tiempo averiguar que el Joe «nuevo y mejorado» no era una persona ganadora. Cuando tuve alrededor de veintitrés años era un santurrón en el departamento de contabilidad (¿es posible eso?) en la empresa Witco Chemical. Este era mi primer trabajo y yo creía que hacía todo a la perfección y que era mejor que los demás… tal vez otras personas cometían errores, pero yo no. Así que decidí aventurarme y buscar un nuevo trabajo. Una cazatalentos organizó una entrevista para mí en una población cercana. A pesar de que no recuerdo el nombre de la empresa, sin duda recuerdo la reunión.

Mi entrevistador era un hombre joven quien al instante me hizo sentir confiado y cómodo. Como a mitad de la entrevista planté firmemente los pies en su escritorio. Hablamos de mujeres, de fiestas y de todas mis considerables conquistas. Cuando salí, él me dio una palmadita en la espalda y me dijo que esperaba verme pronto. Salí sintiéndome absolutamente positivo de que había obtenido el empleo. Sin embargo, cuando llegué a casa ya había un mensaje en mi contestadora. La llamada era de mi cazatalentos.

El primer mensaje era: «Joe, acabo de hablar con la empresa, y por desgracia no te dieron el empleo». Al oír estas palabras se me cayó el alma a los pies. El rechazo no tenía sentido para mí. Creí haberme relacionado con el entrevistador en un nivel «espiritual». Pero las palabras siguientes que salieron de la contestadora cambiaron la forma en que me veía a partir de ese momento. La voz decía: «Ah, a propósito, tengo un mensaje para ti: "¡Crece!"».

Durante el diálogo, el entrevistador estaba probándome. Quería ver hasta dónde era capaz de llegar. Él abrió la puerta, y yo simplemente di rienda suelta a la lengua. Lo que era impresionante para un muchacho de veintitrés años cuya vida era un desorden, no impresionaba en el mundo real. Según mi experiencia, yo estaba calificado para el trabajo. Tenía las habilidades y una pasión que parecía que me llevaría al éxito. Pero lo que me faltaba era una buena personalidad. Era indisciplinado y mis prioridades estaban desenfocadas. Mi personalidad universitaria cuidadosamente cultivada me falló.

Lo que necesitaba era otra revisión de personalidad, pero esta vez, necesitaba la ayuda de un círculo íntimo de personas que me alentaran a desarrollar actitud y carácter piadosos. Hasta que ese momento llegara, mi personalidad era una carga.

## Cuando la vida golpea

Ya dijimos que la personalidad es nuestra forma predeterminada de interactuar con el mundo que nos rodea. Mi personalidad predeterminada (de Joe) quedó expuesta cuando me sentí cómodo en una entrevista de trabajo. Pero muchas veces nuestra personalidad predeterminada se revela más claramente en momentos de crisis. Para Tyson fue la pelea con Holyfield, mientras que para otros es una pérdida, una lucha financiera o una tentación.

¿Quién eres en esos momentos? ¿Reaccionas con ira o confusión, bebes o te drogas, ves pornografía o participas en sexo ilícito? Lo cierto es que sin un carácter establecido, una buena actitud y un círculo íntimo fuerte, el instinto de sobrevivencia atacará, y podrías encontrarte cometiendo estupideces para sobrellevar el dolor. Pero si tienes el círculo íntimo adecuado y una personalidad fuerte, exhibirás un buen carácter y una actitud positiva, te quitarás el polvo y modificarás tu plan de juego.

La tragedia y la crisis golpean a todos los hombres. Tu personalidad se levantará ya sea para mantenerte en movimiento o para desmoronarte bajo la presión. La realidad es que *serás* golpeado, pero la pregunta es: ¿cuál es tu plan en esa situación? Cuando exprimes una naranja, no sale jugo de tomate sino jugo de naranja. Lo mismo ocurre con todos nosotros: cuando somos exprimidos, sale nuestro verdadero yo.

### *Reflexión*

No podemos retroceder en el tiempo ni borrar el pasado. En este capítulo, yo (Joe) conté historias de mi vida que me hicieron querer dar un paso atrás y hacer un cambio, pero la vida real no es así. No hay muchas ocasiones en que podamos tener una segunda oportunidad. A continuación aparecen los tres aspectos que conforman nuestra personalidad; quizá no logremos cambios en todos ellos, pero Dios nos brinda días nuevos para hacer las cosas de modo distinto. Si pudieras adelantarte un año a partir de hoy, ¿cómo serían estos tres aspectos, y qué cambiarías respecto a ellos?

## *En la práctica*

- Actitud:
    1. ¿Qué debes cambiar?
    2. ¿Qué estás específicamente dispuesto a hacer para cambiar tu actitud?
- Carácter:
    1. ¿Cuál es la mayor área de carácter que debes cambiar?
    2. Enumera al menos tres acciones que puedes realizar para construir un carácter más fuerte:
        a.
        b.
        c.
- Círculo íntimo:
    1. ¿Te relacionas con las personas que necesitas para ser un hombre que deja legado?
    2. ¿Qué tipo de personas necesitas en tu vida para ser y hacer todo aquello para lo que Dios te creó? He aquí algunos aspectos en que todos necesitamos orientadores (lo más probable es que sean orientadores distintos, dependiendo del ámbito):

a. Área espiritual
b. Soltería exitosa
c. Esposo y padre
d. Área financiera y profesional

3. ¿Cómo puedes encontrar e incluir a estas personas en tu vida?
4. Si quieres averiguar quién eres realmente, entonces toma un papel y escribe tus fortalezas en un lado y tus debilidades en el otro. Sé totalmente sincero contigo. Luego entrégale la lista a alguien a quien ames y en quien confíes. Pídele que revise tu lista y te haga comentarios sinceros. Agárrate fuerte y, si oyes algo que no te gusta, decide de antemano que no perderás los estribos. Tal vez puedas aprender algo respecto a ti mismo.

## *Versículos para estudiar*

- Proverbios 5:22; 12:5; 14:12
- Juan 3:30; 8:44; 14:6
- 1 Corintios 1:24-31; 15:33; 16:13-14
- Filipenses 1:27; 2:3; 4:8
- 1 Pedro 5:8-9

Pilar 3

# PUREZA:
# LA SENDA HACIA LA PRESENCIA Y EL PODER DE DIOS

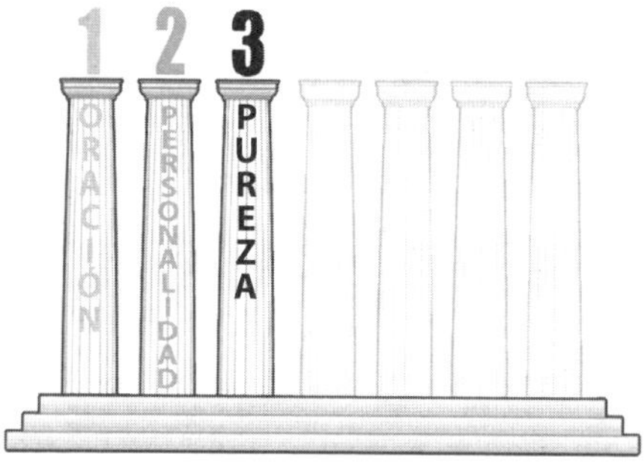


Casi todos los hombres tienen una de
dos debilidades: amor o dinero.

—Anónimo

El concepto de pureza no representa un gran éxito en la mayoría de bares o juegos de béisbol, y tampoco es algo que aparece en las salas de juntas. Pero, en lo que a Dios concierne, pureza significa la diferencia entre estar conectado o desconectado de Él. Esa conexión importa porque somos bendecidos y transformados en su presencia. Aparte de la transformación que se lleva a cabo en la presencia divina, estamos solos. Por esto es que el salmista declaró:

¿Quién subirá al monte de Jehová?
¿Y quién estará en su lugar santo?
El limpio de manos y puro de corazón;
El que no ha elevado su alma a cosas vanas,
Ni jurado con engaño.
Él recibirá bendición de Jehová,
Y justicia del Dios de salvación (Salmos 24:3-5).

Un hombre que deja legado toma en serio la pureza personal. De hecho, tiene que hacerlo. Este es el ámbito principal en que Satanás ataca a la mayoría de individuos. La pureza allana el camino para relacionarnos con Dios, estar en su presencia y conocerlo íntimamente. El pecado y la falta de pureza hacen lo opuesto: nos alejan de la presencia, el amor y el poder de Dios.

En pocas palabras, si por voluntad propia llevas una vida impura, estarás solo. Habrás elegido el pecado en lugar de escoger a Dios. En vez de que tu legado se asemeje a la gloria de Dios, se asemejará a ti… en toda impureza y desolación.

Cuando en el pasado la gente usaba las frases: «De tal palo, tal astilla» o «Eres como tu padre», era un elogio. Ahora, debido a que nuestra cultura se ha vuelto tan impura y desecha, cuando una madre grita: «¡Eres como tu padre!», típicamente alude a algún defecto personal, y a menudo esto constituye un desaire.

## ¿Hay alguien limpio de manos o puro de corazón?

Manos limpias y corazón puro son la receta para relacionarse con Dios de manera regular. Las manos limpias representan lo que tocamos y lo que decidimos hacer con nuestra vida. ¿Están nuestras manos comprometidas solo con nuestras esposas, o son instrumentos que buscan pornografía en la Internet y nos hacen soñar con otras mujeres?

Un corazón puro representa lo que amamos. ¿Está nuestro corazón lleno de afecto hacia Dios y su pueblo, o está lleno de codicia? ¿Confiamos en que Dios provee para nuestras necesidades, o estamos alterando los libros de contabilidad en épocas de impuestos? ¿Son más importantes que Dios nuestro próximo auto o nuestra próxima casa? ¿Temblamos cuando nuestro pastor nos pide que apoyemos a la iglesia o a un misionero porque esto significaría no poder ir al próximo partido de béisbol? Si nuestra respuesta es positiva a alguna de estas preguntas, entonces tales cosas (el reembolso de impuestos, la casa, el auto, el partido) se han convertido en ídolos. Están ocupando nuestros corazones y ensuciando nuestras manos.

La Biblia narra en Éxodo cómo el pueblo de Dios decidió en conjunto hacer un ídolo. Acudieron a Aarón y exigieron que les hiciera un becerro de oro ante el cual pudieran inclinarse y adorarlo. En nuestra época, por lo general, no votamos por una petición al Congreso acerca de algo concreto para adorar, pero dejamos que ídolos entren en nuestra vida, haciéndonos impuros. Tales acciones y apegos equivocados con el tiempo nos alejan de Dios.

Salmos 24:5 nos dice que la preocupación de Dios por nuestra pureza va más allá de impedirnos simplemente caer en pecado. Él quiere bendecirnos con gozo. Por eso, a menudo pensamos en Dios como un jefe iracundo que está buscando una oportunidad de despedirnos. En cambio, debemos ver a Dios como el mejor entrenador. Cuando los buenos entrenadores le dicen a un jugador lo que no debe comer, le ponen horarios límites o requieren que corra a toda velocidad, es porque buscan que gane. Y desean celebrar la victoria.

Dios es como un buen entrenador. No solo quiere salvarnos de nuestro pecado, sino que desea una bendición continua en nuestra vida. Un corazón limpio y manos puras son la receta segura para recibir y disfrutar por entero esa bendición.

## *Amor o dinero: ¿Cuál es tu veneno?*

Suele decirse que los hombres tienen una de dos debilidades: amor o dinero. Seamos claros aquí: a menudo Dios provee lo uno y lo otro. Si estás llamado a ser casado, entonces Dios quiere que tengas una gran esposa y una sólida relación con ella. Dios también dice claramente a los creyentes que deben proveer económicamente para sus familias (1 Timoteo 5). Proverbios está lleno de consejos que pueden lograr que un negocio crezca o que un empleado triunfe. Pero, en medio de nuestra batalla espiritual, el enemigo de nuestra alma siempre tratará de tomar lo que Dios nos ha dado y torcerlo para sus fines. Él quiere usar cosas buenas para nuestra destrucción.

Yo (Joe) soy hombre de negocios. Trabajo duro para ganar dinero, y tú también deberías hacer esto. También estoy casado y disfruto los beneficios de tener una relación física con mi hermosa esposa. Pero, como creyente, debo guardarme contra la codicia y la lujuria; tengo que luchar, y sigo haciéndolo con ambas cosas. El mundo nos enseña a buscar erróneamente sexo y dinero, y a veces nuestra carne desea lo uno y lo otro. Irónicamente, si complacemos nuestra carne y obedecemos al mundo, estamos dispuestos a perder las buenas bendiciones (esposas amorosas y buenos trabajos) que Dios nos proporciona de manera tan misericordiosa.

## *Charla de papá sobre sexo*

La pureza personal es otro aspecto en que la relación con nuestro padre (o la falta de relación) tiene enorme influencia. En un mundo perfecto creceríamos todos dentro de una familia sana con un padre y una madre totalmente comprometidos de por vida entre sí, que nos demostrarían y enseñarían todo lo que necesitáramos saber. Sin embargo, la realidad suele ser diferente. Puesto que no tenemos esa guía de parte de los padres, el mundo, la carne y el diablo empiezan un trabajo en equipo que con frecuencia nos expulsa de las fronteras divinas, dejándonos con manos sucias y corazón manchado.

Por desgracia, al igual que muchos padres, el mío (de Joe) no me dio muchos consejos sobre sexo y relaciones. Sin embargo, cuando fui a la universidad, decidió aconsejarme. Cuando me preparaba para salir de casa, me entregó su versión completa de educación sexual en dos palabras. Simplemente dijo: «Ten cuidado».

Esa fue toda la sabiduría de vida de papá en enseñar a su hijo sobre sexo: solo dos palabras. Decirle a un muchacho de dieciocho años que tenga cuidado con el sexo y luego dejarlo suelto en una universidad sin reglas, sin moral, y con cientos de mujeres, es como decirle a un tiburón hambriento que no coma y luego lanzar partes de pescado ensangrentado delante de él. Me avergüenza decir que ni siquiera seguí esas dos sencillas palabras, aunque desearía haberlo hecho.

Un amigo mío ha tomado mucho más en serio esto de enseñar pureza a sus hijos. En una librería cristiana compró un plan de estudios que comienza con la enseñanza de las partes del cuerpo, y a partir de ahí cubre la pubertad y el diseño de Dios para el sexo dentro del matrimonio. Mi amigo maneja de manera distinta las «charlas formales acerca de sexo» con cada hijo.

Uno de sus chicos es un poco más reservado, por lo que le da material para que lea, y luego sigue con la oportunidad de que haga preguntas. Por lo general no hay ninguna, y ese chico en particular parece totalmente avergonzado por el proceso completo.

A mi amigo no le molesta la situación. Desea que su hijo tenga buena información, y quiere ser quien se la proporcione. Se trata de un asunto de legado.

El otro hijo es más receptivo, por lo que mi amigo anuncia la próxima charla sobre sexo con un poco más de fanfarria. Leen juntos los libros en voz alta, mientras el niño agrega comentarios útiles como «¡No puede ser!» y «¿Estás tomándome el pelo?». Con este niño lo único que mi amigo puede hacer es mantener la compostura y no reír de la reacción de su hijo. Una vez más, es un asunto de legado.

Tales sesiones formales en esta familia ayudan a mantener la sexualidad como un tema abierto. Muchas veces, si un adulto plantea un asunto los chicos percibirán que es seguro hablar del tema.

El método usado para transmitir valores sexuales bíblicos variará de familia a familia, pero lo importante es asegurarse de que esto suceda. Muy pocos muchachos se sentarán contigo a cenar y te harán preguntas sobre tu vida sexual. La responsabilidad de decirles lo que deben saber respecto al plan de Dios para el sexo recae en ti: el padre. Si sencillamente no puedes llegar ahí, considera delegar el tema a tu esposa o emplea a otro adulto confiable.

Si tú no les enseñas, la vida lo hará, y no será una buena educación. Haz que las enseñanzas bíblicas sobre sexo estén disponibles para tus hijos, y así te asegurarás de que tu legado sea bueno. ¡Ojalá hubiera hecho esto mejor con mis propios hijos!

## *Oratorio de los Yankees: De mentiroso a un hombre que deja legado*

La pureza no solo tiene que ver con sexo sino también con los motivos de nuestros corazones. Yo (Joe) aprendí esto del modo costoso. Cuando era un cristiano joven y novato, Dave Swanson, el director de Baseball Chapel, una organización que lleva la iglesia a estadios de las ligas menores y mayores en toda la nación, me pidió que hablara a un grupo de hombres de setenta años.

Me habían enseñado a orar antes de hablar, pidiendo a Dios las palabras. Una vez que hubiera orado, entonces simplemente debía dejarme llevar. Para mí, la fórmula parecía así: oración + boca abierta = mensaje impresionante. Así que eso es lo que hice. En su bondad, el Señor me bendijo y sentí que Él hablaba claramente a través de mí. No hubo titubeos ni muletillas. Fue un tiempo maravilloso y, cuando terminé, muchos de los hombres se me acercaron y dijeron cosas como: «Jovencito, sigue hablando» y «Chico, me animaste». Fui emocionado a casa.

Al día siguiente, Swanson me pidió que hablara en el oratorio de la reunión dominical en el Yankee Stadium antes del partido programado entre los Yankees y los Orioles de Baltimore. Yo sabía que hablar ante un grupo de ancianos de setenta años era un juego de pelota totalmente diferente a hablar ante los Yankees de Nueva York. Mientras hacía investigaciones para mi primer libro, *Safe at Home* [Seguro en casa] tuve mucha interacción con los jugadores, pero esto era algo distinto. Se trataba de hablar a estos hombres en un nivel espiritual.

Dave no aceptó un «no» por respuesta. A la mañana siguiente después de desayunar subimos al auto y nos dirigimos al Yankee Stadium. Swanson me mostró el salón donde yo hablaría, y me hizo saber que habría dos sesiones: una para los Yankees y otra para los Orioles.

Con el mismo plan de mi charla anterior, fui al baño de hombres y oré al Señor: *Dirígeme como ayer. Habla a través de mí.* Entonces los Orioles llegaron y una vez más fue algo increíble, todo salió a la perfección y no hubo titubeos ni muletillas... la charla fue impecable. Los muchachos me dieron palmaditas en la espalda y exclamaron: «Bien hecho». De nuevo, me hallaba emocionado.

Había quince minutos entre el oratorio de los Orioles y el de los Yankees, pero en lugar de volver al baño de hombres y orar, me puse a caminar. Anduve en círculos pensando: *Vaya, soy realmente bueno en esto. Es algo para lo que soy realmente bueno. Soy tan bueno como mi pastor. ¡Tal vez yo pueda ser el próximo Billy Graham!* Antes de darme cuenta, la puerta se abrió y diecisiete Yankees entraron. Yo conocía a algunos de ellos y pensé alegremente: *Muchachos, pueden ir preparándose para ser bendecidos.*

Dave me presentó. Yo tenía la palabra. Abrí la boca y no salió nada. Olvidé todo lo que iba a decir, y empecé una especie de «esteyo, esteyo, esteyo». Al carecer de algo más que decir, comencé a contar la historia de cómo Dave y yo nos conocimos. Creo que en ese momento pensé que esta sería una historia importante y de edificación espiritual. Pudo haber sido así, pero también la adorné *soooolo* un poquito. Alteré tanto la verdad que Dave me interrumpió y exclamó: «Eso no es cierto». Ese fue un «¡uy!» de ligas mayores. Dondequiera que hablo, siempre digo que si quieres ser humilde, ¡entonces te llamarán mentiroso en público mientras haces el oratorio para los Yankees de Nueva York!

Lo que decimos sale de nuestros corazones, por lo que nuestras palabras son una gran prueba de la pureza de nuestras almas. Jesús manifestó: «De la abundancia del corazón habla la boca» (Mateo 12:34). Esto significa que la veracidad es una de las primeras y mejores pruebas para la pureza de nuestras palabras. Cuando mientes estás conectándote con el padre de mentiras: el diablo (Juan 8:44). Cuando dices la verdad te conectas con Jesús, quien realmente *es* la verdad.

La pureza o la impureza son como bolas de nieve que ruedan cuesta abajo. Mientras más ruedan, más crecen. Cuando mentimos, abrimos la puerta para que el diablo tenga poder en nuestra vida. Créeme: simplemente la bola de nieve de la mentira se agranda más. Por otra parte, la verdad deja fuera al diablo y abre la puerta para que Jesús y su poder entren en nuestras situaciones, creando una bola de nieve santa de verdad.

## *Yo estaba trabajando en un doctorado en mentiras*

Tal como dije antes (Joe), cuando era niño decía muchas mentiras porque deseaba ser alguien, alguien que no era. Cuando era pequeño era flaco, por lo que me daban palizas. Se aprovechaban de mí. Cualquiera que tenga esas experiencias sabe que se repiten en tu cabeza. Te hacen enojar y te ocasionan mucha angustia en situaciones sociales. Así que de joven manejé todo esto mintiendo.

La gente miente porque quiere algo que no tiene o porque anhela evitar algo doloroso. Yo quería ser más fuerte de lo que era, y quería evitar el dolor de ser débil e inferior ante quienes me rodeaban, así que mentía. Una de las razones de que la gente miente es que da resultado, al menos por el momento. Al igual que un castillo de naipes, las mentiras permanecen de pie por un tiempo y parecen buenas, pero tan pronto como les llega esa primera ráfaga, se derrumban. Ese fue mi patrón desde el principio: construir una casa de mentiras y esperar que no me encontrara dentro cuando se derrumbara.

Recuerda, nuestro legado es nuestro patrón. Si nuestro estilo de vida es un desastre, entonces nuestro legado, lo que dejamos a las personas que nos siguen, también lo será. Despertaremos un día para ver a nuestros hijos repitiendo o «mejorando» nuestros pecados, haciéndolos peores que nunca. En realidad, enseñamos a nuestros hijos cómo pecar. Sin embargo, como hombres que dejan legado debemos ver nuestra propia pureza como una prioridad para poder ayudar a nuestros hijos a evitar el pecado dejándoles un legado de vida pura.

## *Enseñé a mi hijo a mentir*

A principios de mi vida (de Joe) de criar hijos tuve una oportunidad de ver mi mentira transferida a mi hijo. Mi esposa y yo llevamos a nuestros hijos pequeños al parque Hershey en Pennsylvania. Joey tenía tres años y Jennifer tenía más o menos un año. Nuestros fondos eran escasos, así que puse atención a un letrero que decía que los niños menores de dos años no pagaban entrada.

Cuando nos acercábamos a la puerta levanté a mi hijo y le susurré en su pequeño oído: «Si te preguntan cuántos años tienes, di que tienes dos».

Lo llevé en brazos para hacer más creíble la mentira. Efectivamente, el niño entró gratis. Disfrutamos un gran día en el parque.

¿Recuerdas lo que dijimos sobre que en situaciones estresantes recurrimos a nuestra personalidad predeterminada? Mientras hacíamos cola en el parque, yo estaba tenso. Luchaba con la vergüenza de no tener mucho dinero. Como hombres, a menudo sentimos que el dinero es poder, y cuando nos falta dinero nos sentimos impotentes. Al sentir que no estaba a la altura económica, recurrí a mi personalidad predeterminada: un mentiroso frecuente. Sin siquiera saberlo, estaba edificando para Joey ese tipo de legado predeterminado.

De camino a casa nos detuvimos en la autopista de Nueva Jersey por una hamburguesa. Mi hijo, quien era increíblemente listo y conversador, empezó a charlar con las personas en la mesa vecina. La mujer sentada allí le preguntó cuántos años tenía, y nunca olvidaré la respuesta que Joey le dio: «Bueno, tengo tres años. Pero, cuando voy al parque Hershey, tengo dos». Esas palabras me hicieron sentir como un gusano.

> Hay camino que al hombre le parece derecho; pero su fin es camino de muerte (Proverbios 14:12).

Mira, decirle a mi hijo que mintiera cuando estábamos en la fila «parecía correcto». «Solo es una mentirita», era la frase popular que resonaba en mi cabeza, al igual que la realidad de que mi billetera estaba muy vacía. Al final, el dinero que ahorré no valió la pena. Algo en mí murió cuando me di cuenta de que había usado a mi hijo y le había enseñado a mentir para ahorrarme unos pocos dólares.

Sin embargo, mi pecado y mi error también me enseñaron algo: mi carácter era impuro y debía ser desinfectado por el evangelio. Había un lado mentiroso que debía ser enterrado. Tenía una opción: ¿sería el legado que le dejaría a Joey el ejemplo impuro de un mentiroso habitual, o el ejemplo puro de un hombre piadoso que honraba la verdad? El cambio debía comenzar en mí.

Agradezco que ese día Dios no se diera por vencido conmigo. A pesar de que yo necesitaba un cambio, no fue sino hasta que Cristo me fortaleció que cambié de veras. He aprendido que si Dios hace algo por alguien más, entonces seguramente también puede hacerlo por mí. Puedes tener la confianza de que si Dios me cambió, entonces también puede hacerlo por ti.

## *Reflexión*

Cuando yo (Jack) me mudé a un nuevo vecindario, rápidamente hice amistad con mis vecinos que bebían cerveza y que constantemente decían vulgaridades. Yo era un poco diferente, había dejado de decir palabrotas y de beber cuando Cristo me salvó años atrás. Ellos comenzaron a burlarse de mí a mis espaldas. Luego se retaron mutuamente a no lanzar maldiciones. Alguien abrió una lata de café e hicieron una apuesta. Cada vez que uno de ellos maldijera, tendría que depositar un dólar en la lata. Eso duró más o menos un fin de semana hasta que dejaron de hacerlo porque no podían detener su hábito. Reí y les recordé que sin Cristo estarían para siempre atrapados con sus bocas sucias. La lata de café lo había demostrado.

Tal vez no luches con mentir o maldecir, pero es probable que haya algún aspecto de tu vida que requiera al menos algo de ajuste, o incluso una revisión total. He aquí unas preguntas que te puedes hacer, a fin de lograr que la bola ruede en la dirección correcta:

- ¿Qué es lo que deseo que cambie cuando se trata de pureza en mi vida?
- ¿Qué pasos debo dar para quitarme esto de encima?

## *En la práctica*

Una de las maneras en que puedes mantener pureza es tener ciertas cosas en su sitio a fin de protegerte de acciones y pensamientos impuros. Una forma de ver estos aspectos es como «protectores de pureza». Cuando jugamos fútbol vestimos un atuendo especial para protegernos de una lesión. En la vida tenemos seguros para protegernos y ayudarnos cuando las cosas se ponen difíciles o salen mal. Un hombre que deja legado edifica protectores de pureza en su vida, y enseña a sus hijos a hacer lo mismo. He aquí tres «protectores de pureza» que todo hombre puede cimentar en su vida:

- Amigos:
    1. ¿Quién en tu vida te conoce de veras?
    2. ¿Quién puede hacerte preguntas difíciles?

- Socio de rendición de cuentas: Esto puede ayudarte mucho a mantenerte en el camino. Es obligatorio si tienes un historial de pornografía, drogas o abuso de alcohol, u otros problemas persistentes. Un socio de rendición de cuentas es alguien que tiene tu permiso para conocer tus acciones y pensamientos personales y así ayudarte a evitar acciones impuras. He aquí diez excelentes preguntas para que te hagas y le hagas a tu socio:

1. ¿Cómo te va con Dios?
2. ¿Cómo te va con tu esposa o con quien estás saliendo?
3. ¿Cómo te va con tus hijos?
4. ¿Qué tentaciones enfrentas y cómo estás tratando con ellas?
5. ¿Cómo han sido tus pensamientos esta semana?
6. ¿Estás viviendo constantemente para Cristo en tu lugar de trabajo o en la escuela?
7. ¿Has estado pasando tiempo regular de oración y en la Palabra?
8. ¿A quién has estado testificándole del evangelio?
9. ¿Has mentido en tus respuestas a alguna de las respuestas anteriores?
10. ¿Cómo puedo orar por ti y ayudarte?

- Esposa: No deberías tenerle que esconder cosas a tu esposa. Para una intimidad de largo plazo, ella necesita confiar en ti y tú también debes confiar en ella.

## *Versículos para estudiar*

- Job 31:1
- Salmos 24:3-5
- Proverbios 4:25-27

- Mateo 5:8; 12:34
- Lucas 8:17
- Romanos 12:1-2
- 1 Corintios 6:9-12; 7:9
- 2 Corintios 10:5
- Efesios 4:30
- Filipenses 4:8
- Colosenses 3:5
- 1 Tesalonicenses 4:3
- 1 Timoteo 5:22
- Hebreos 13:4
- 1 Pedro 2:11
- 1 Juan 1:7; 3:3

Pilar 4

# PROPÓSITO: DESATA AQUELLO PARA LO QUE FUISTE CREADO

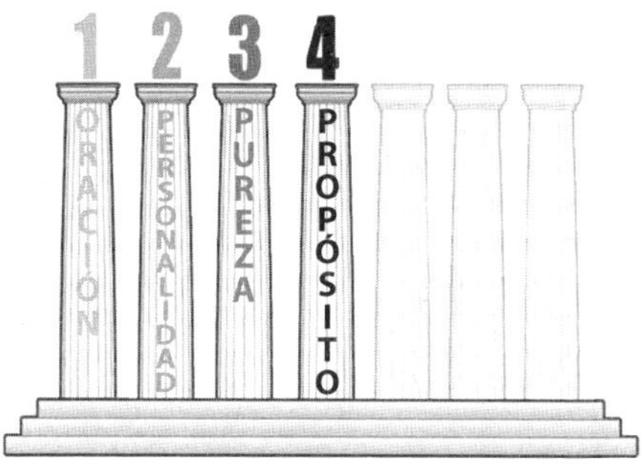


No temas renunciar a lo bueno por ir tras lo grandioso.

—John D. Rockefeller

Puedes estar marcado por el pasado o hacer
tu marca en el futuro. Tú decides.

—Anónimo

## ¿Cuál es tu propósito?

Hace unos años, *Una vida con propósito* de Rick Warren logró ventas récord cuando miles de iglesias aceptaron la importancia de enseñar acerca del propósito, y decenas de millones de personas compraron el libro. El mensaje sencillo de Warren fue recibido con pasión porque el individuo promedio lucha por saber si está cumpliendo su propósito en la vida.

Podría ser difícil, pero conocer el propósito de Dios para nuestra vida vale el esfuerzo. Cuando conocemos nuestro propósito podemos manejar la desilusión sin desanimarnos. Podemos batear jonrones cuando la vida nos lanza bolas curvas, podemos proteger nuestras relaciones de conflicto innecesario, y podemos hacer lo que sabemos que es correcto incluso cuando nuestras decisiones parecen locuras a otras personas. Todos estos beneficios vienen de buscar y seguir el propósito divino.

Para ser claros, hay dos tipos de propósitos: generales y específicos. El propósito general de cada hombre (y, por tanto, de la mujer) es:

- Amar al Señor tu Dios con todo tu corazón, alma y mente, y amar a tu prójimo como a ti mismo (Mateo 22:37-39).
- Dar a conocer las buenas nuevas (Mateo 28:19-20).
- Mantenerse puro (1 Tesalonicenses 4:3-8).

Sin embargo, el propósito específico es exclusivo del hombre que deja legado. Lo busca, averiguando por qué lo puso Dios en la tierra en este momento de la historia. Entonces, una vez que encuentra su propósito específico, un hombre que deja legado se dedica a cumplir ese propósito.

## *Consejos del libro de Jeremías*

Hay dos versículos del libro de Jeremías que aclaran cinco aspectos acerca de nuestro propósito en la vida. Cuando los leas, imagina que Dios está hablándote directamente:

> Antes que te formase en el vientre te conocí, y antes que nacieses te santifiqué, te di por profeta a las naciones (Jeremías 1:5).

> Porque yo sé los pensamientos que tengo acerca de vosotros, dice Jehová, pensamientos de paz, y no de mal, para daros el fin que esperáis (Jeremías 29:11).

1. *Dios te hizo y te formó.* Así como un escultor convierte un trozo de arcilla en algo que puede usar, Dios realmente nos formó con el fin de poder usarnos para lograr su propósito en la tierra. El plan de Dios al crearnos se asemeja al de un ingeniero que diseña algo con una forma y estructura con el fin de cumplir un propósito específico. Eso es lo que Dios ha hecho por todos y cada uno de nosotros. Nuestra existencia no es un suceso fortuito. Dios nos ha formado, moldeado y diseñado con un propósito. Todos atravesamos momentos en que nos sentimos mal con nosotros mismos, pero estos versículos nos recuerdan poderosamente que nadie es un accidente o un inservible. Dios nos creó por una razón.

2. *Dios te conocía antes que fueras formado.* Dios es omnisciente, lo cual significa que sabe todo acerca de nosotros y ha sabido todo sobre nosotros desde antes del tiempo de la creación. Esto nos ofrece dos opciones: podemos pedirle que nos muestre nuestro propósito, o podemos andar a tientas por la vida tratando de descubrir las cosas por nosotros mismos. A veces nos sorprende una debilidad en nuestro carácter, o en el lado positivo descubrimos un talento escondido y nos preguntamos cómo usarlo. Estas cosas no estaban fuera de la vista de Dios. Él sabía todo el tiempo sobre esto y está listo para usar estos aspectos como parte de su propósito para ti.

3. *Dios te ha apartado para un propósito.* Nuestra cultura, los

medios de comunicación y nuestro sistema educativo intentan arrastrarnos a un sendero artificial que nos obliga simplemente a «hacer todo lo posible para llevarnos bien». El sistema del mundo nos tienta porque es popular. Pero, en resumen, esto no es lo correcto para las personas que están apartadas por Dios.

Una de las razones de que muchos hombres tienen una crisis de la mediana edad es porque desde el principio compraron un boleto para la senda del sistema y, cuando llegaron a la mitad de su destino, padecieron el remordimiento del comprador. Estos individuos han pasado sus vidas esforzándose por los objetivos y sueños del sistema, solo para terminar desilusionados. En un esfuerzo por recuperar el tiempo perdido, el verdadero propósito y el significado, a menudo estos sujetos descartan la primera mitad de sus vidas y lastiman a las personas que han conocido a lo largo del camino. Jeremías nos recuerda que el propósito de Dios para su pueblo es diferente de aquel que el mundo promueve.

4. *Dios ya conoce los planes que tiene para ti.* La cuestión del propósito no es un misterio insoluble y no tenemos que resolverlo por nosotros mismos. Algunos hombres buscan su propósito como niños que tratan de golpear una piñata en una fiesta de cumpleaños. Mareados y con los ojos vendados sostienen un palo, esperando que su próxima oscilación dé en el blanco y no en uno de sus compañeros. Sin embargo, la manera de Dios de hacer las cosas es muy diferente. Él conoce el propósito que tiene para nosotros y quiere que lo dejemos participar. Nuestro reto es caminar con Dios y hablar con Él, aprendiendo su propósito mientras avanzamos. Debemos quitarnos la venda (y soltar ese palo).

5. *Los planes de Dios son prosperarte.* ¡Las personas piensan a menudo que pueden concebir mejor que Dios un plan para sus vidas! Actúan como si pudieran crear al Creador y planificar al Planificador. Otros no saben o no entienden que Dios los creó

con un plan y propósito, por lo que simplemente se dejan llevar, haciendo todo lo que parezca bien en determinado momento. Hay otros que, sin una comprensión firme de lo que Dios desea de sus vidas, son fácilmente atrapados en las intrigas de la gente. A muchos los utilizan o maltratan. Pero estos versículos enseñan que el plan de Dios para nosotros es bueno, dándonos esperanza y un futuro.

## *Cómo conocer tu propósito específico*

La senda de Dios no es una calle sin salida. Él ya ha planeado un futuro con gran esperanza y éxito para los hombres que dejan legado. Sin embargo, hay quienes podrían estar preguntándose: *¿Cómo conozco mi propósito específico?* Además de investigar las Escrituras, tres cosas que puedes hacer para ayudarte a comprender tu propósito y poder lograrlo son:

1. *Define qué te apasiona.* En general nos impulsa interiormente un propósito que Dios nos da. Algunas preguntas que debemos hacernos son: ¿Qué me gusta? ¿Qué me disgusta? ¿Qué me despierta en la noche o qué es lo primero que pienso cuando despierto? Muchas veces nuestro propósito está relacionado a lo que más nos apasiona.

2. *Define en qué eres bueno.* Hay una diferencia entre un pasatiempo y un propósito. A muchos nos gusta mucho hacer ciertas cosas, pero tal vez no seamos los mejores en ellas. Llevar la vida más grandiosa significa tener la mayor influencia posible. Al observar con detenimiento tus talentos y habilidades es probable que descubras tu propósito de vida.

3. *Recibe comentarios fiables de otros.* Cuando te rodeas del tipo correcto de personas, tu círculo íntimo, a menudo te brindan opiniones serias de quién eres realmente. No estoy diciendo que oigas a todo el mundo. No obstante, ¿a quién tienes en tu vida con

experiencia y sabiduría? Yo (Joe) he experimentado que, cuando paso tiempo con las personas adecuadas, estas ven mis dones en formas que yo mismo no veo. No estaría donde hoy día me encuentro sin estas opiniones animadoras en mi vida.

Es importante que tengamos una comprensión firme de nuestros propósitos generales y específicos cuando vamos por la vida y enfrentamos sus muchas tormentas. Este conocimiento puede actuar como un localizador interno que nos mantiene avanzando en los altibajos que todos enfrentamos.

## Reacción ante la desilusión

Es fácil quedar atrapados en el atractivo de un sueño o un objetivo. Cuando no funciona, nos desilusionamos y olvidamos buscar el propósito específico de Dios. Yo (Joe) experimenté esto a los dos años en mi carrera. Estaba trabajando con una cazatalentos para encontrar un nuevo empleo, y me entrevistaron en la empresa Sealed Air.

Aprendiendo de mis errores pasados, esta vez me presenté profesional y refinado. Salí sintiendo confianza de que el empleo era mío, pero cuando llegué a casa la cazatalentos me llamó y dijo: «Lo siento, Joe. Eligieron a alguien con un poco más de experiencia, pero realmente les gustaste y quieren que regreses a una entrevista para un puesto distinto». Aunque no lo creas, ese escenario se repitió tres veces. Finalmente me entrevistaron cuatro veces en la empresa Sealed Air, y no me dieron el empleo. Después de la cuarta entrevista quedé tan desolado que lloré a mares.

Al día siguiente, una llamada telefónica al azar que parecía un número equivocado me puso en contacto con otra cazatalentos. Ella aprovechó su equivocación para promover su negocio, preguntándome si estaba buscando empleo. ¡Ya lo creo! Mediante mi nueva cazatalentos conseguí una entrevista en otra empresa y me reuní con el contador, Arnold Kezbom. Kezbom y yo congeniamos, y me contrató. Terminé siguiéndolo a tres trabajos, cada vez consiguiendo un aumento sustancial. La experiencia total me proporcionó un historial empresarial completo que me proveyó la confianza que necesitaría para finalmente dirigir mi propia empresa.

Sin embargo, antes de mi éxito al trabajar con Kezbom me había esforzado por conseguir un empleo en Sealed Air, y sufrí mucho cuando me rechazaron allí. Pero el propósito de Dios para mí era diferente. Él no quería que yo trabajara en el departamento de contabilidad de Sealed Air, sino que trabajara en empresas más pequeñas donde obtendría experiencia y aprendería a manejar un negocio.

Yo no veía el lado positivo cuando Sealed Air me rechazó vez tras vez. Es más, la mayoría de las personas no ve eso cuando están en medio de una mala situación. Pero he aprendido a mantener los ojos un poco más abiertos, y tú también deberías hacerlo.

## Manejo de lo inesperado

Las cosas no siempre salen según lo planeado. Lamentablemente, cuando las situaciones se apartan de lo esperado nos sentimos mal preparados e incómodos. Conocer y comprender nuestro propósito puede aliviar el dolor de esos momentos. Cuando conocemos nuestro propósito tenemos un plan, y cuando vamos tras nuestro propósito nos preparamos para el plan. Lo inesperado se convierte en una oportunidad. Yo (Joe) aprendí mucho acerca de esto cuando la vida me lanzó en público algo inesperado.

Algún tiempo después de comenzar el ministerio de Legacy Minded Men me invitaron a un banquete de pastores hispanos en Jersey City, Nueva Jersey. Yo no sabía mucho de la velada, pero quería ser parte de honrar a estos hombres de Dios por su servicio. Había estado ocupado y me hallaba cansado. Esperaba que el evento fuera un espacio para relajarme, disfrutar una buena comida y pasar tiempo con algunos hombres de Dios.

¡Puedes imaginarte mi sorpresa cuando llegué al banquete y vi mi nombre incluido en el programa como el orador principal! Al principio creí que se trataba de una equivocación, pero después de investigar me di cuenta de que no lo era. Sin previo aviso me iban a llamar para presentar el mensaje de la noche. Así que hice lo que cualquier individuo haría en tal situación: llamé a mi esposa y le pedí que orara.

Este no era un partido de pretemporada. Yo dirigía un ministerio para hombres, y los líderes a quienes hablaría esa noche representaban a miles de hombres. Con claridad vi cómo mi desempeño esa noche podría hacer que Legacy Minded Men creciera drásticamente hasta el siguiente nivel de influencia, o fuera un obstáculo que pudiera detenerse en la pista. ¡Sin presión! No tenía tiempo para preparar un gran mensaje, así que debía confiar en mi personalidad, mis experiencias y principalmente en Dios.

Y Él fue fiel. Momentos antes que comenzara el evento, mientras oraba fervientemente, Dios me otorgó las palabras que iba a pronunciar. A pesar de las diferencias de lenguaje y el corto plazo, pude ofrecer un fuerte mensaje en medio de una situación incómoda. Era claro que Dios tuvo un plan todo el tiempo: hacer relaciones que pudieran influir en hombres hispanos en el futuro. Solo que no me contó por anticipado todos los detalles.

Esa noche comprendí algo importante. Aunque no me habían avisado con tiempo que era el orador principal, no me hallaba totalmente desprevenido. Yo tenía historia con Dios. Había pasado años creciendo en mi relación con Él, y Dios había pasado años preparándome tanto para lo inesperado como para momentos ministeriales inesperados. Había estado asimilando las Escrituras por mucho tiempo, de tal manera que en una determinada situación el Espíritu Santo pudiera sacarlas de mí en el momento preciso.

Fue una noche poderosa que nunca olvidaré. Estoy agradecido por la oportunidad inesperada, y me alegra haber estado preparado. Ya había descubierto y perseguido mi propósito, el cual era ayudar a transformar vidas comprometiendo, animando y preparando hombres para construir un legado centrado en Cristo. Mi pregunta para ti es: cuando la vida te lance una bola curva, ¿tendrás lo que se necesita para pararte en la base y sacarla del estadio?

## Protección de relaciones

Nuestro propósito tiene el poder para proteger nuestras relaciones. Esto es especialmente cierto cuando las personas que nos preocupan cometen equivocaciones que nos cuestan tiempo, dinero o esfuerzo. Yo (Joe) aprendí mucho de este aspecto de propósito hace unos años. Fue una época de mucha tensión para nuestra familia. En agosto de 2011, mi casa se inundó y nuestra familia se vio obligada a mudarse a un hotel durante noventa días.

Nuestros vehículos aún funcionaban, y eso era importante porque mi hijo estaba aprendiendo a manejar. Inundación, reubicación y lecciones de conducción con un adolescente... podrías afirmar que me hallaba un poco tenso.

Un día llevé a Jordan a un estacionamiento desconocido para que practicara su manejo. Comenzó bien, pero cuando intentó estacionarse, no notó la pequeña división de ladrillos frente al espacio. Cuando finalmente la notó, en vez de pulsar el freno, pisó sin querer el acelerador y el auto saltó la acera. «¡No!», grité, cuando el vehículo fue a parar sobre la isla peatonal. Entonces, Jordan, más nervioso ahora que nunca antes, volvió a presionar el acelerador, dejando el auto tambaleándose sobre la isla con las llantas colgando a ambos lados. Ninguna de las llantas tocaba el suelo.

Le pedí a Jordan que saliera del vehículo y tomé el volante. Aceleré el motor y el auto salió volando de la isla, pero resultó golpeado. El parachoques trasero se había zafado, el sistema de escape era como sesenta centímetros más largo de lo que debería haber sido, y había muchas cosas pequeñas dañadas. En mi mente estaba enloqueciendo. El auto era nuevo, pero también sabía que el modo en que yo manejara la situación podía herir la confianza de mi hijo.

Mientras conducía un poco para ver cuánto era el daño, oraba: *Señor, esta tiene que ser una experiencia de aprendizaje. No quiero que él tenga miedo de conducir debido a mi reacción. Señor, ayúdame a reaccionar bien.* Cuando me calmé, volví donde Jordan. Salí del auto, fui hasta el lado del pasajero, y le dije que entrara y siguiera practicando el manejo.

—Papá, lo siento mucho —declaró.

—No fue culpa tuya —contesté—. No te preocupes por eso.

Debido a que comprendí que mi propósito como padre en ese momento particular era infundir confianza, pude usar el instante para enseñar a mi hijo, no para asustarlo. La situación pudo haber provocado una brecha entre Jordan y yo, pero en cambio solidificó mi propósito como padre. Mi propósito es enseñar a mi hijo y ser su mayor admirador.

Lo triste es que ha habido muchas ocasiones en que no reaccioné bien como padre. Sin embargo, conocer mi propósito ese día particular me ayudó a hacer lo correcto y superar un día malo con una importante relación intacta.

### *Bizlink*

En ocasiones, conocer tu propósito te hace actuar en una manera que otras personas no entienden. Tu propósito puede llevarte por un sendero difícil, y otras personas te creerán loco por mantenerte en la senda. Las opiniones de otra gente no son lo que más importa en tu vida: fuiste creado por Dios para un propósito, y tu responsabilidad es cumplir ese propósito, por doloroso que esto sea.

En 1998 probé (Joe) lo duro que puede ser cumplir un propósito. Era copropietario de un periódico semanal con una circulación de setenta mil ejemplares y dos millones de dólares anuales en ventas. A pesar de nuestro éxito, mi socio y yo sabíamos que el panorama empresarial estaba cambiando, y por eso decidimos vender. La Internet y las acciones tecnológicas correspondientes estaban en auge, y sacamos ventaja de esa oportunidad, vendiendo el periódico a una empresa de tecnología por un acuerdo de acciones valorado más o menos en un millón de dólares.

Creí que era un trato realmente bueno, y esto me dio la oportunidad de empezar mi negocio de ensueño: una empresa multimedia llamada Bizlink. Ella era innovadora y emocionante. Los inversionistas también lo creyeron, y sin esfuerzo recaudamos $1,3 millones para el lanzamiento. La leyenda Yankee de Nueva York, Don Mattingly, se convirtió en nuestro portavoz y en uno de mis socios. ¡Fue un momento emocionante!

Pero en abril de 2000 las cosas empezaron a salir mal. El mercado se desmoronó y aparecieron problemas internos en Bizlink. La compañía fue a la bancarrota seis meses después. Hubo dos grupos que resultaron perjudicados en la quiebra: empleados e inversionistas. Me esforcé mucho por encontrar trabajo para los empleados. En cierto momento me ofrecieron un nuevo empleo como director de operaciones en una empresa. Agradecí a la persona que me ofreció el cargo, pero le pedí que usara el salario que deseaba pagarme para contratar a dos de mis ex empleados. Estuvo de acuerdo y contrató a ambos hombres. Todos mis ex empleados encontraron trabajo, pero yo seguía desempleado.

Había perdido todos mis ahorros en los acuerdos y, debido a que la empresa de tecnología que compró mi periódico por acciones se fue a pique, yo no tenía nada a cambio por el activo que una vez fue valioso. Y no fui el único que perdió. Como parte de la quiebra empresarial se pasarían a pérdidas y ganancias aproximadamente doscientos mil dólares en deudas de la empresa. Pero yo conocía a las personas que habían prestado el dinero a Bizlink, y no quería que perdieran su inversión. Simplemente no podía dejar que eso ocurriera.

Hablé con mi esposa, y decidimos asumir personalmente la deuda de doscientos mil dólares. Nuestro saldo se veía así: sin trabajo, una enorme hipoteca, tres hijos y doscientos mil dólares de deuda adicional. ¡Ayúdame, Cristo! Algunas personas nos instaron a declarar bancarrota personal, pero no creíamos que ese fuera parte del propósito de Dios para nosotros, por lo que no lo hicimos.

## *Entrada a Life and Leisure*

La decisión de declararnos en quiebra y asumir la deuda nos produjo gran tensión. Fue un tiempo sumamente difícil. Yo (Joe) hice muchos trabajos para obtener ingresos, pero no había solución clara ni camino por delante. Fue solo por la suprema gracia de Dios que lo logramos. Para ser sincero, no tengo ni idea de cómo ocurrió: los números simplemente no cuadraban, pero las cuentas se pagaron. Fue algo de Dios.

En agosto de 2003 decidimos mudarnos de Nueva Jersey a Georgia, donde los costos de vivienda e impuestos eran mucho más bajos. Nuestro razonamiento era sencillo. Pensamos que nuestra casa en Nueva Jersey se vendería más o menos por quinientos mil dólares. Solamente con la mitad de ese dinero compraríamos una gran casa en Georgia y utilizaríamos la diferencia para pagar la deuda a nuestros inversionistas de Bizlink. Resulta que ese tampoco era el propósito de Dios para nosotros.

Poco después de tomar la decisión de mudarnos a Georgia me contacté con el propietario de otro periódico, *Life and Leisure*. El hombre, cuyo nombre es George, me dijo que le ayudara a empezar un nuevo periódico. Le contesté que yo sentía que Dios estaba dirigiéndome a Georgia, y él objetó: «No, no, no entiendes. Dios no está diciéndote "Georgia". Él quiere decir "George". "Estoy dirigiéndote a George"».

Me convenció y acordamos empezar el nuevo periódico. Como conocía la cantidad de trabajo que implicaba, yo estaba renuente pero no quería interponerme en el camino del plan de Dios. Esa disposición de seguir el propósito de Dios valió la pena. A medida que avanzábamos con *Life and Leisure*, Dios nos ayudaba a vencer obstáculo tras obstáculo. En cierto momento nos exigieron pagar por adelantado nuestros gastos de envío e impresión, pero no teníamos nada de dinero. Una empleada recién contratada ofreció el dinero de un préstamo que acababa de recibir, con garantía de su casa. Mientras todo se alineaba, me di cuenta de que Dios tenía su mano en esta aventura. Ahora, más de catorce años después, aún publicamos *Life and Leisure*. Dios ha bendecido ese periódico y por este medio a mi familia.

Hubo otras ocasiones en que tuve que escoger entre seguir el propósito de Dios a pesar de las opiniones que otras personas tenían de mí. En un momento me ofrecieron trescientos cincuenta mil dólares por *Life and Leisure*. Sí, el dinero nos habría sacado de la deuda, pero el hombre que quería el periódico me confesó que retiraría de allí toda la información cristiana. Así que opté por no vender.

Aún recuerdo la mirada en el rostro de un buen amigo cuando le dije que iba a rechazar el trato. Era evidente que creyó que yo estaba loco. Al mirar hacia atrás, ahora creo que Dios bendijo esa decisión. Pocos años después vendí el cuarenta y nueve por ciento de la empresa por casi la misma cantidad que había rechazado. Pude pagar la mayor parte de la deuda en que habíamos incurrido de Bizlink, y aún tengo la empresa. Esta también proveyó la puerta para iniciar Legacy Minded Men.

La lección es esta: cumple tu propósito, *a pesar de* lo que los demás piensen.

## *Reflexión*

> El cementerio es el lugar más rico del planeta, porque allí se encuentran todas las esperanzas y los sueños que nunca se cumplieron, los libros que no se escribieron, las canciones que nunca se cantaron, los inventos que no se dieron a conocer, las curas que nunca se descubrieron, todo porque alguien tuvo demasiado miedo para dar ese primer paso, para tratar el problema o para decidirse a cumplir su sueño. —Les Brown[9]

¿Te has sentado alguna vez a pensar realmente en tu propósito? Si Dios te creó para un propósito, ¿cuál es? ¿Qué estás haciendo para llegar allí? ¿Vas a vivir tu sueño y tu propósito, o vas a llevártelos contigo a la tumba?

9. Les Brown, Goodreads, https://www.goodreads.com/quotes/884712-the-graveyard-is-the-richest-place-on-earth-because-it.

### *En la práctica*

Escribe una lista de objetivos, tales como:

- Antes de morir voy a...
- En diez años voy a...
- En cinco años voy a...
- En un año voy a...
- En los próximos treinta días pide a alguien que te oriente al menos en un ámbito de tu vida para ayudarte a lograr tu propósito.

Una de las cosas más grandes que un hombre puede hacer para lograr su propósito es sentarse con otros que ya han hecho lo que soñaban hacer. Pregunta a esas personas triunfantes qué piensan de tus planes. ¿Se ajusta tu don a tu sueño? ¿En qué áreas necesitas ayuda? ¿Tienes los objetivos correctos tanto a largo como a corto plazo? Tal vez estas personas puedan orientarte o recomendarte a alguien más que pueda hacerlo. Pero recuerda que no hay consejero más sintonizado con tu propósito que el Dios que creó ese propósito en ti.

### *Versículos para estudiar*

- Éxodo 31:3-6; 35:10, 35
- Ester 4:14
- Proverbios 19:21; 20:5
- Jeremías 1:3; 29:11
- Lucas 12:48

- Juan 18:37
- Hechos 6:2
- Romanos 1:1; 8:28; 12:6
- 1 Corintios 7:24; 9:16
- Efesios 2:10; 4:1
- Filipenses 1:6, 12; 3:12
- 2 Timoteo 1:9
- Hebreos 12:1
- Santiago 4:17
- 1 Pedro 4:10

Pilar 5

# PRIORIDADES: NECESITAS UN PLAN DE ATAQUE

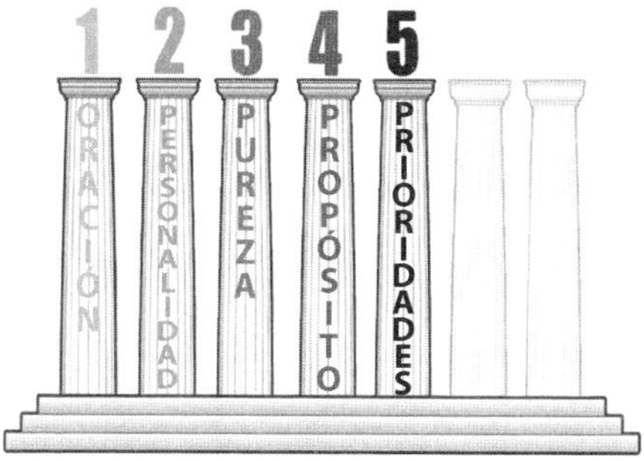


Si fallas en planificar, planificas fallar.

—Harvey MacKay

## La tiranía de lo urgente

La vida es atareada. Increíblemente atareada. Podrían haberse ido para siempre las jornadas laborales de 9 a 5 y la jubilación a los cincuenta y cinco años con una buena pensión. Interminables aspectos nos atraen y reclaman nuestra atención. Es fácil tener días sin parar y noches comprometidas. Esperaríamos tener algo que mostrar para tanta actividad, ¿verdad? Pero, al mirar hacia atrás a nuestros días atareados, a menudo pugnamos por identificar algún logro que valga la pena.

Culturalmente tenemos más lujos y menos tiempo, más conexiones sociales pero menos relaciones verdaderas. La gente tiene más acceso a nosotros, lo que nos deja menos y menos tiempo libre para participar en las cosas que disfrutamos. Las fuerzas económicas obligan a muchas personas a trabajar más duro que nunca antes solo para sobrevivir. Muchos no estamos tratando de estar a la altura de los demás, tan solo intentamos tener comida en la mesa. Al otro extremo del espectro económico, algunas personas tienen más dinero y posesiones de las que podrían usar, pero sienten que sus vidas carecen de sentido.

De todas formas, tenemos el reto de programar nuestros horarios y asegurarnos de llevar la vida que Dios pretendió que tuviéramos. Por desgracia, siempre hay presión de parte de nuestra cultura para que nos comprometamos o nos esforcemos por vivir su definición de éxito. En algún momento podemos sentirnos atraídos por estilos de vida que no glorifican a Dios.

Todos hemos tenido la experiencia de trabajar realmente duro por algo, solo para más tarde darnos cuenta de que el esfuerzo no valió la pena. Al contrario, que fue un enorme desperdicio de tiempo. Peor aún, a menudo se consiguió el objetivo a expensas de algo más importante. Nos absorbimos y sacrificamos nuestras prioridades por alguna clase de ajetreo.

Charles E. Hummel, cuya carrera incluía trabajar como director de la facultad en el ministerio cristiano Comunidad Cristiana Intervarsity, y que sirvió como presidente de la universidad Barrington, escribió un folleto titulado «La tiranía de lo urgente». Allí advierte: «Vivimos en una tensión constante entre lo urgente y lo importante».[10] Hummel escribió que las

---

10. Charles E. Hummel, *Tyranny of the Urgent* (Downers Grove, IL: InterVarsity Press, 1994), p. 1.

cosas urgentes reclaman a gritos nuestra atención. Pero no así las cosas que realmente importan: tiempo para estudiar la Biblia, orar, leer buenos libros y servir a los pobres.

El folleto fue publicado en 1967. En él, Hummel describe cómo los teléfonos instalados en las paredes de las casas robaron a la gente un lugar tranquilo que era libre de interrupciones, donde podían enfocarse en el logro de tareas importantes. Imagina qué diría Hummel acerca del mundo moderno en que la mayoría de personas tiene acceso a la Internet, correos de voz, mensajes de texto, Facebook y Twitter, todo en un dispositivo de bolsillo. Nuestra tecnología hace que lo urgente sea más tiránico que nunca. Aprender a reconocer metas y mantenerse enfocado en ellas es parte importante de llegar a ser un hombre que deja legado.

## La tensión de las prioridades

Tienes una hipoteca que pagar e hijos para alimentar. Intentas hacer que todo funcione. Sin embargo, ¿por qué no es así? Tenemos que manejar la tensión de la realidad de estas necesidades sin descuidar lo que nuestro corazón nos dice que es más importante.

La verdad es que la mayoría de hombres ya sabe lo que es importante. Los casados dirían que es importante pasar tiempo con sus esposas, y los padres dirían que sus hijos son importantes. Pero muchos de estos mismos hombres no han averiguado cómo establecer una salida regular nocturna con sus esposas o pasar más de cinco minutos al día conversando con sus hijos. Finalmente, muchos despiertan en una casa con una esposa desanimada que se siente descuidada y con un adolescente distante. Nada de esto es la voluntad de Dios ni produce un gran legado.

¿Cómo cerramos entonces la brecha entre lo que «sentimos y creemos» que es más importante para nosotros y la realidad de cómo pasamos nuestro tiempo? La respuesta sencilla es: hacer un plan y apegarnos a él. El plan toma una gran idea como «amar a mi esposa» y la descompone en acciones concretas para llevarla a cabo. Pensar en pasos concretos para cumplir nuestras prioridades es un área en que la mayoría de nosotros fallamos. No planificamos enfocarnos en lo que importa de veras, con el resultado de que nuestras vidas se consumen por demasiadas cosas no esenciales.

Como hombres adultos debemos recordar cómo era cuando jugábamos fútbol, baloncesto u otro deporte. Teníamos un plan. Teníamos un libro de jugadas y las memorizábamos; programábamos entrenamientos e íbamos a ellos; pasábamos tiempo en el gimnasio y nos ejercitábamos. Sin embargo, cuando se trata de nuestras prioridades, a menudo no ganamos porque no tenemos un plan. No es que no lo intentemos, solo que nuestras energías se gastan en otras cosas. Cuando se trata de lo que más importa, se nos acaba el tiempo o no tenemos más combustible en el tanque.

Una vez que dispongamos de un plan, debemos apegarnos a él. Cuando Dios quiso que Moisés y el pueblo de Israel recordaran los Diez Mandamientos, los esculpió en piedra. Así es como debemos enfocar nuestros planes para los aspectos importantes en nuestra vida. Esa cita con tu esposa o esa conversación con tu hijo no puede cambiarse por capricho; mantenla escrita en piedra. Los hombres que dejan legado aprenden a realizar un plan para triunfar en lo que más importa. Fijar prioridades no negociables nos permite movernos en un mundo de interminables exigencias.

Dos hechos sobresalen en mi mente cuando pienso (Joe) en vivir mediante un conjunto de prioridades. En el primero, mis prioridades claramente definidas y el compromiso serio de apegarme a ellas cueste lo que cueste, impidió que lastimara a mi pequeña hija en una manera que pudiera dejarle un daño duradero. En esa situación, yo sabía qué hacer porque conocía mis prioridades y tenía un plan. Echémosle una mirada a un momento en que acerté.

## *El amor de un padre*

Durante la Serie Mundial de 1998, el primer bateador Tino Martínez bateó y cambió toda la naturaleza de la contienda entre los Yankees de Nueva York y los Padres de San Diego. Es claro que este era uno de los partidos más emocionantes que la serie ha producido alguna vez, y el hecho de que ocurriera en Nueva York lo hacía aún más grande.

Yo (Joe) he sido gran hincha yanqui desde que tenía unos diez años. Francamente, los Yankees fueron lo primero que realmente seguí de cerca. Durante una infancia difícil en que yo no tenía amor propio ni confianza, el béisbol se convirtió en mi liberación, y los Yankees en el objeto de mi afecto. Han pasado los años, pero mi afecto por los bombarderos del Bronx sigue ardiendo fuertemente. Aún recibo gran cantidad de placer al ver jugar al equipo y seguir su progreso. Mi pasión por los Yankees se ha fortalecido por las oportunidades que he tenido de conocer a muchos de los jugadores a través de Baseball Chapel. También me acerqué al mundo del béisbol por medio de mi primer libro, *Safe at Home* [Seguro en casa].

Desde que he sido un seguidor, los Yankees han participado en doce Series Mundiales, incluyendo la temporada mágica de 1998. Ese año decidí que el equipo era suficientemente bueno para llegar al clásico de otoño, y que yo iba a hacer algo para estar allí y animarlos. A fin de garantizar el lugar, compré un abono parcial de temporada, el cual me daba dos entradas al estadio para cada partido en noche de viernes. También me aseguraba dos asientos para el primer partido de todas las series de finales, incluso la Serie Mundial. Asistí a las dos primeras series de finales y pasé un tiempo increíble.

Sin embargo, justo en el momento en que se hizo evidente que los Yankees se dirigían a la Serie Mundial, mi esposa Bethanne me mencionó que nuestra iglesia iba a tener una cena de padre e hija.

—Fabuloso —contesté—. ¿Cuándo es?

—El sábado, 17 de octubre.

Inmediatamente sentí un sobresalto, pensando que en esa fecha también podría ser el primer partido de la serie. Los boletos no tenían fecha, así que llamé a los Yankees, y me confirmaron mi temor: el primer partido era el 17 de octubre. Entonces pregunté al representante de ventas de las entradas si podía cambiarme el primer partido por el segundo de la serie.

Su respuesta fue simple: «¡No hay cambios! ¡No hay devoluciones!».

Me hundí. Mi sueño de asistir a una Serie Mundial estaba ahora en serio peligro. ¿Qué podría hacer? Llamé a varios corredores de entradas y les pregunté si estarían interesados en cambiar boletos del 17 de octubre para el día siguiente, domingo. Estuvieron encantados de comprar mis entradas, pero querían que pagara el doble por conseguir una nueva entrada para el domingo. El precio era demasiado elevado: no era una opción. La conclusión fue clara: si quería ir a la serie, tenía que hacerlo el 17 de octubre.

Hablé con el Señor al respecto, sabiendo ya lo que debía hacer. Mi hija Jenny, quien tenía seis años en ese tiempo, me preguntó en esa manera increíble suya si íbamos a ir o no a la cena. En el momento que lo preguntó me hallaba leyendo la página de deportes. En la portada del periódico había una gran historia de los Yankees con una foto de algunos de los jugadores. Después que Jenny preguntara, le dije que algo especial iba a suceder esa noche, le mostré el periódico y le señalé la foto. La brillante sonrisa de Jenny desapareció. Sintió que yo había escogido el partido en lugar de a ella.

No pude soportar la mirada de dolor en su rostro. Señalando todavía la foto, sonreí y declaré: «¡Es una noche especial porque va a ser nuestra noche!». Su sonrisa regresó aún más grande que antes. No sé si Jenny sabía a lo que yo estaba renunciando, pero estoy seguro de que sabía exactamente qué prioridad representaba para mí. Esto no sería algo que alguna vez la niña olvidaría, y yo tampoco.

Nunca lo olvidaré porque, cinco minutos después de llegar a la cena, Jenny me preguntó si podíamos irnos. Calmadamente me puse de rodillas, y mirándola a los ojos le dije que nos quedaríamos durante toda la cena. Y eso es justo lo que hicimos.

Llegamos a casa justo a tiempo para ver a Tino anotar ese gran golpe, y fue bueno que yo no estuviera allí. Después de todo, recuperé mi dinero por las entradas y, pues sí, incluso gané un dinero extra. Pero lo más importante es que mi hija supo que ningún partido, ninguna reunión o nada jamás tendría más importancia que ella.

## *Elección entre lo bueno y el legado*

También debemos aplicar la prueba de prioridades para oportunidades de ministerio.

De 1995 a 2008, mi esposa Bethanne y yo (Joe) dirigimos un programa caritativo llamado «Adopta un Niño». Trabajamos con la división local de Servicios a la Juventud y la Familia (*DYFS* por sus siglas en inglés) para ayudar a niños maltratados y descuidados. A muchos de estos chicos los habían retirado de sus hogares o estaban bajo vigilancia de parte de consejeros. Queríamos bendecirlos, así que contactamos a DYFS para ver si podíamos proporcionar algunos regalos en Navidad. Los trabajadores sociales estuvieron de acuerdo y nos proveyeron nombres y listas de deseos de Navidad.

Promocionamos Adopta un Niño en el periódico de propiedad

conjunta. Mucha gente respondió y colaboró fielmente durante muchos años. Recolectamos regalos en nuestra casa para que pudieran ser distribuidos de manera confidencial. Un año en particular tuvimos en nuestra casa más de tres mil regalos a la vez. El programa fue un éxito. En el transcurso de doce años tuvimos más de veinte mil niños «adoptados» y aseguramos aproximadamente cincuenta mil regalos para esos chiquillos.

Durante dos años incluimos un ejemplar del Evangelio de Juan con cada regalo, pero, en algún momento durante el 2007 y el 2008, Bethanne y yo empezamos a preguntarnos: *¿Es realmente un beneficio dar a un niño un regalo durante la Navidad?* Incluso con la distribución del Evangelio, no estábamos viendo fruto. Finalmente llegamos a la conclusión de que no había valor eterno y duradero en el programa.

Aunque la gente nos elogiaba por lo que hacíamos, y por dos ocasiones aparecimos en la primera página del periódico, sabíamos que esto no era lo más influyente que podríamos estar haciendo con nuestro tiempo y nuestros recursos. En última instancia, tuvimos que priorizar dónde estábamos gastando nuestro tiempo, y decidimos suspender Adopta un Niño, y en cambio decidimos invertir en algo con mayor influencia espiritual. Esa decisión condujo a la formación de Legacy Minded Men.

A veces lo bueno puede ser enemigo de lo grandioso. Para decir «sí» a algo debemos decir «no» a algo más. En ocasiones como estas, tener prioridades establecidas es fundamental en ayudarnos a pensar y planear con claridad.

## Un frasco de piedras y mi vida excesivamente agitada

Un hombre que enseñaba sobre prioridades tenía un frasco grande y varias piedras grandes. Colocó cinco o seis piedras en el frasco hasta que no entraron más. Entonces preguntó: «¿Está lleno el frasco?».

Casi todos gritaron: «¡Sí!». Él sonrió y luego sacó una bolsa de piedras más pequeñas y las añadió al frasco hasta que no cupieron más. Luego pidió: «Levanten la mano si creen que ahora está lleno».

Más o menos la mitad de las manos se levantaron. El hombre volvió a sonreír, sacó una bolsa de arena y la vertió en el frasco hasta que no entró más. De nuevo preguntó: «¿Está lleno ahora?».

Todos estaban más escépticos en este momento, así que solo unas pocas manos se levantaron. Las personas estaban empezando a entender.

Por último, el hombre sacó una jarra de agua y derramó el contenido en el frasco hasta desbordarse. Y preguntó: «¿Está lleno ahora?». Todos contestaron que sí.

—¿Qué les enseñó este ejemplo? —inquirió él después de hacer una pausa.

Las respuestas comenzaron a volar.

—Siempre puedes añadir un poco más.

—Nunca debes estar satisfecho con la cantidad de cosas que estás haciendo.

—Si te esfuerzas más, siempre puedes hacer más.

La gente estaba satisfecha consigo misma hasta que el conferencista sonrió una vez más.

—Todos ustedes están muy equivocados, muy equivocados —debatió—. La moraleja de este ejemplo es este: Si no pones primero las piedras grandes, nunca las encajarás. Vean, a menudo perdemos en los aspectos que más importan porque nuestro tiempo y energía se gastan en las cosas pequeñas que consumen nuestro tiempo y energía, y nos impiden triunfar en lo que más importa.

Muchas personas se sobresaltaron al darse cuenta de que esta era una imagen de sus vidas excesivamente programadas y poco priorizadas. Sus vidas estaban repletas de piedras pequeñas, arena y agua… sus frascos estaban llenos, pero no estaban haciendo las cosas que más importaban. Es curioso que puedas saltarte tus prioridades y aun parecer «exitoso» para el mundo exterior. Pero cada vez que he hecho eso me siento por dentro como un fracaso.

Me he equivocado muchas veces, pero cuando renuncié a la Serie Mundial pude encargarme de dos prioridades importantes, pues fortalecí a mi pequeña hija y a mi esposa porque puse primero las piedras grandes en el frasco. Sí, el juego de los Yankees era importante, pero palidecía en comparación con la sonrisa en el rostro de mi hija. Incluso disfruté por televisión el jonrón y la victoria, pero lo más importante es que gané como padre y esposo, lo cual no tiene precio.

De igual modo, cuando mi esposa y yo renunciamos a Adopta un niño pudimos colocar dentro del frasco las «piedras grandes» de hablar el evangelio y ayudar a hombres a crecer en su fe. Si hubiéramos seguido distribuyendo regalos no habríamos podido lograr lo que Dios había puesto en nuestros corazones como lo más importante. Estas fueron dos decisiones afectivas difíciles, pero no retrocedería en el tiempo para cambiar ninguna de ellas.

## *Reflexión*

¿Qué es lo más importante en tu vida? ¿Qué importa realmente? Te animo a sentarte y hacer una lista de tus prioridades. ¿Estás programando tiempo real y suficiente para lo que más importa? ¿Se deben hacer cambios? Si es así, dedícate a poner en práctica esos cambios. Si algo te importa, programa el tiempo para llevarlo a cabo.

Dios te creó para triunfar, y tener escrito un plan de juego te ayudará a lograrlo. Yo (Jack) me he beneficiado en gran manera al escribir primeramente mis prioridades y luego programar mi día en lapsos de una hora que están comprometidos con las prioridades que escribí. Esto trae claridad a lo que es más importante en el trabajo y en la vida. Los hombres que dejan legado tienen claras sus prioridades y un plan para ejecutarlas.

### *En la práctica*

- Escribe tus cinco prioridades principales.
- Programa tiempo para trabajar en esas prioridades. Escribe las horas diarias o semanales comprometidas con tus prioridades.
- En nuestras programaciones abarrotadas solemos decir «no» a algo para decir «sí» a algo más. ¿Cuáles son algunas cosas a las que debes decir «no» a fin de tener el tiempo, la energía y los recursos para decir «sí» a tus prioridades?

### *Versículos para estudiar*

- Josué 1:6-9
- 1 Crónicas 28:19-20
- Salmos 1:1-3
- Proverbios 15:22; 24:27; 27:23-27; 29:18
- Lucas 14:28
- Filipenses 1:21
- 1 Tesalonicenses 2:2

Pilar 6

# PERSEVERANCIA: LOS TIEMPOS DIFÍCILES HACEN QUE TE CONOZCAS

Nuevo nivel, nueva molestia.

—PASTOR JOHN ORLANDO

El dolor puede ser un gran maestro.

—JOE PELLEGRINO

Roma no se construyó en un día, y tampoco se forjará en un día un legado que sobreviva. Un legado que bendiga a tus nietos y biznietos tomará tremenda inversión de tu tiempo, tu energía y tus recursos. Mientras buscas forjar un legado perdurable enfrentarás sufrimientos y tentaciones. Es decir, tendrás la tentación de no perseverar.

La Biblia tiene mucho que decir en cuanto a cómo debemos manejar las pruebas *cuando* (no *si*) estas llegan. Los problemas vienen en muchas formas: crisis, conflictos o problemas. En otras ocasiones, simplemente la frustración y el tiempo que toma hacer las cosas también puede ser una prueba. Cualquiera que sea la forma en que vengan tus problemas, si no sabes cómo perseverar, podrías tantear cualquier posibilidad de decirle «adiós» a un legado perdurable. Profundicemos un poco más en lo que la Biblia dice acerca de cómo debemos manejar las pruebas y cómo perseverar a través de ellas.

## Las pruebas: nuestras amigas... ¿de veras?

Santiago escribe sobre la necesidad de tener gozo en medio de las pruebas:

> Hermanos míos, tened por sumo gozo cuando os halléis en diversas pruebas, sabiendo que la prueba de vuestra fe produce paciencia. Mas tenga la paciencia su obra completa, para que seáis perfectos y cabales, sin que os falte cosa alguna (Santiago 1:2-4).

¿Debemos contar como gozo los sufrimientos y tiempos difíciles? Este pasaje significa que debemos recibir como amigas a las pruebas. ¿Significa eso que debemos sentirnos contentos de que sucedan cosas malas? Bueno, sí y no. Santiago no nos dice que seamos masoquistas, cuya idea de una vida feliz es que nos golpeen. Para entender cualquier versículo de las Escrituras debemos seguir leyendo de modo que las cosas tengan sentido. En el versículo 4 vemos el resultado de interpretar nuestros tiempos difíciles como gozo: porque nos volvemos «perfectos y cabales, sin que [nos] falte cosa alguna». Bueno, de eso es de lo que estamos hablando.

Las pruebas nos ayudan a desarrollar perseverancia, la cual juega un papel fundamental en que cada uno de nosotros llegue a ser un hombre cabal. Sin sufrimientos no desarrollaremos perseverancia, y no llegaríamos a perfeccionarnos ni a ser maduros. Los legados que perduran se consiguen solo por medio de la madurez, no por medio de hombres que renuncian cada vez que enfrentan un reto.

Para los luchadores profesionales, toda pérdida es un reto. Sin embargo, por lo general hay una prueba en particular que constituye un momento decisivo en la carrera de un luchador. Esa pérdida devasta a los luchadores porque se dan cuenta de que pueden tener habilidades, pero no tienen el carácter o la resistencia para lograr sus sueños. Si no hacen cambios significativos, nunca serán nada más que peleadores de preliminares: es posible que nunca reciban una oportunidad para luchar por el título. Algunos de estos peleadores deben cambiar de entrenadores o campamentos; otros tienen que seguir una nueva dieta o conseguir nuevos compañeros de entrenamiento. La conclusión es que los luchadores que quieren ganar toman la decisión de realizar un cambio permanente.

¿Estás listo para tomar la decisión de cambiar? Si quieres que tus hijos hereden un legado diferente del que recibiste de tu propio padre, entonces tienes que hacer el mismo tipo de compromiso. Debes aprender a cambiar tus sufrimientos y momentos perdidos en modificadores de juego.

En general, la gente quiere el premio al final de la carrera, pero no quieren correrla. Otros la corren, pero no están dispuestos a recibir el entrenamiento que los calificaría y prepararía para triunfar. Un hombre que deja legado se enfoca en el juego final, la victoria. Está dispuesto a perseverar a través de cualquier obstáculo que la vida le presente porque el premio vale la pena, cueste lo que cueste obtenerlo. Una frustración y una prueba de un año me enseñaron (a Joe) una lección duradera sobre la perseverancia.

## *La cuarta vez*

Tal como mencioné antes, me encanta el béisbol. No hay mejor vista que un campo de béisbol recién cortado en una cálida tarde primaveral, y ningún sonido retumba mejor en los tímpanos como el pequeño estallido de un guante o el crujido de un bate. Puedo rastrear mi amor por el béisbol hasta mis diez años de edad, cuando mi papá me llevó a mi primer partido de los Yankees. No he vuelto a mirar hacia atrás desde ese día.

Desde entonces me he dedicado a coleccionar cromos de béisbol, memorizar estadísticas, jugar partidos hasta que llegué a la universidad, y ahora ver partidos. Algunos podrían llamarlo «obsesión», pero para mí es una simple pasión. Hay algo magnífico respecto a este deporte que llamamos «el pasatiempo de Estados Unidos».

Podrías deducir de esto que soy una persona apasionada. Soy la clase de individuo que se enamora profundamente de lo que aprecia. Además de mi familia, solo hay algo de lo que estoy más apasionado que el béisbol, y se trata de mi Señor y Salvador Jesucristo. Tardé en entender mi necesidad de salvación y en dirigir esta pasión hacia mi fe, pero una vez que lo hice esto se convirtió en mi combustible siempre ardiente.

Cuando me convertí en cristiano intenté unir mi pasión por el béisbol con mi recién descubierta pasión por Cristo escribiendo un libro sobre jugadores cristianos de béisbol. Por extravagante que la idea pudo haber parecido a quienes no participaban de mis pasiones, tenía perfecto sentido para mí. Así que antes de comenzar mi investigación para el libro, tuve una mentalidad tipo *Field of Dreams* [Campo de sueños]: «Si lo construyes, llegará». Supuse que los jugadores cristianos golpearían mi puerta a fin de ser entrevistados para el libro. ¡Ojalá hubiera sido así!

Felizmente para mí, uno de mis socios comerciales era un ex jugador de béisbol de los Yankees de Nueva York. Él logró conseguirme el «Santo Grial» de las grandes ligas de béisbol: *La guía de los medios de las grandes ligas.* El libro contenía información sumamente «confidencial» acerca de los equipos y jugadores, y fue toda una mina. Yo estaba en la gloria.

Mientras devoraba este libro encontré una lista de algo llamado «Baseball Chapel». Instantáneamente intrigado, revisé la lista para descubrir que se trataba de la unión perfecta entre mis pasiones por la fe y el béisbol. Baseball Chapel era una organización que encargaba a capellanes dirigir cultos cortos para equipos de béisbol de las grandes y pequeñas ligas, y para discipular a jugadores que buscaban discipulado. Me temblaron las rodillas cuando leí esto.

A medida que leía más, casi me desmayé. Las oficinas de esta fuente de bondad cristiana en el béisbol estaban a solo quince minutos de mi casa. Averigüe el teléfono y rápidamente marqué el número que estaba en la guía y me puse en contacto con el director ejecutivo, Dave Swanson (el mismo Dave Swanson que mencioné antes).

—Dave Swanson a la orden —dijo la voz que respondió el teléfono.

Me presenté.

—Señor Swanson —continué entonces—. Amo al Señor y me encanta el béisbol. Estoy tratando de escribir un libro sobre jugadores cristianos de béisbol, y tengo la esperanza de que usted me ponga en contacto con algunos de ellos.

Reinó un frío silencio al otro lado de la línea.

—¿Por qué no me llamas en tres meses para analizar esto un poco más? —contestó finalmente.

A pesar de la eternidad que serían esos tres meses, estuve de acuerdo con su solicitud y esperé tres meses antes de llamarlo de nuevo. Cuando el calendario finalmente avanzó hasta la fecha en un círculo rojo con las palabras *Llamar a Dave Swanson* escritas, volví a marcar. Para mi sorpresa, el dijo: «Llámame en otros tres meses». Una vez más, estuve de acuerdo y marqué la fecha en mi calendario.

Después de tres meses más lo llamé. Para mi total consternación, me dijo que volviera a llamarlo en tres meses. Estaba confundido y un poco más que molesto por esta demora, pero ninguna cantidad de tiempo me impediría conseguir la información que buscaba desesperadamente. Si este era el hombre que tenía lo que yo necesitaba, jugaría con sus reglas.

Tres meses más tarde, todo un año después de mi primera llamada telefónica a Swanson, miré el calendario, el cual indicaba que era hora de llamar y recibir, sin embargo, otra sentencia de tres meses más. ¿Lo era?

—Sí, señor Swanson. Soy Joe Pellegrino. Usted me pidió que lo volviera a contactar en tres meses para ayudarme con mi libro.

¿Su respuesta?

—Encuéntrame en el restaurante Kin-lon Diner en veinte minutos.

No estoy seguro de haber colgado el teléfono. Subí corriendo las escaleras hacia el dormitorio, me cambié rápidamente la ropa sudada de gimnasio por una camisa planchada y una corbata. A los pocos minutos de la invitación, yo estaba en camino al restaurante. Cuando llegué veinte minutos después, encontré un hombre calvo e imponente esperándome en la entrada. Pregunté: «¿Señor Swanson?».

Él asintió con la cabeza. Extendí la mano, pero en lugar de mi apretón, recibí una hoja de papel. Luego se volvió hacia el comedor para encontrar un lugar donde sentarnos. Mientras lo miraba asombrado, eché un vistazo a la hoja de papel en mi mano. En ella estaban los nombres de jugadores de las ligas mayores que él consideraba que eran fuertes cristianos. No podía creerlo. Antes que él lograra encontrar un asiento, le toqué el hombro.

—Señor Swanson —expresé—. Perdóneme, ¿pero por qué ahora? ¿Por qué después de un año?

Él me dirigió a una mesa.

—Toma asiento, Joe.

Una vez sentados, me hallaba animado y listo para escuchar.

—Mi familia fue propietaria de la compañía Thomas English Muffin —comunicó Swanson con una sonrisa en los labios—. En cierto momento yo estuve a cargo de las compras. Siempre que un vendedor llamaba, nunca le compraba la primera vez. Si regresaba por segunda vez, tampoco le compraba. Tampoco lo hacía si regresaba por tercera vez —el señor Swanson hizo una pausa mientras seguía mirándome a los ojos—. Pero si el vendedor persistía lo suficiente para regresar una cuarta vez, entonces tenía un cliente de por vida —concluyó—. Tú acabas de hacer eso.

Qué lección de perseverancia aprendí ese día. Muchas veces nos damos por vencidos o nos disgustamos cuando vez tras vez alguien dice «en otra ocasión». En muchos casos nos desanimamos incluso por un «no», pero un hombre que deja legado aprende a perseverar y nunca rendirse.

## *Corramos como si se tratara de una negociación*

En la primera carta a los corintios, Pablo escribe: «¿No sabéis que los que corren en el estadio, todos a la verdad corren, pero uno solo se lleva el premio? Corred de tal manera que lo obtengáis» (1 Corintios 9:24). Si hemos de llevarnos el premio, entonces tenemos que correr como si se tratara de una negociación. Rendirnos ante pequeños obstáculos no nos llevará a ninguna parte, pero si perseveramos, mantenemos la mirada en el objetivo y seguimos corriendo, podemos experimentar ese lugar difícil de alcanzar donde el éxito y el propósito se vuelven uno.

Sin embargo, muchas veces nos rendimos justo cuando debemos perseverar un poco más. Pablo nos anima: «No nos cansemos de hacer el bien, porque a su debido tiempo cosecharemos si no nos damos por vencidos» (Gálatas 6:9, NVI). Aunque algunas promesas de Dios son incondicionales, muchas de ellas tienen una condición clara que debemos cumplir. Este versículo tiene una condición adjunta. Es como un contrato; si una de las partes, o ambas, no cumplen su parte, entonces la transacción se anula. Dios nunca incumple su parte del trato, por tanto somos nosotros quienes lo incumplimos.

La parte que nos corresponde en este versículo es no darnos por vencidos. Cosecharemos en el tiempo adecuado, pero Dios nos dice que, a fin de tener esa cosecha, no debemos rendirnos. Muchos se enojan con Dios cuando no ocurre algo que esperaban, pero ellos son los que no cumplieron con su parte del acuerdo. Rompen el trato y se enojan con Dios. ¿Ah, sí?

Las dificultades forman parte de nuestra existencia. Nos gustaría que fuera de otro modo, pero la realidad es que todos enfrentaremos pruebas en esta vida. Por esto es que Pablo escribe en 2 Timoteo 2:3-4: «Tú, pues, sufre penalidades como buen soldado de Jesucristo. Ninguno que milita se enreda en los negocios de la vida, a fin de agradar a aquel que lo tomó por soldado». Para dejar un legado debemos soportar dificultades.

Pablo usa la metáfora del cristiano como un soldado firme en su propósito y que no «se enreda» en asuntos civiles. Está totalmente centrado en su misión y en la batalla entre manos. Los hombres que dejan legado necesitan ese mismo enfoque resuelto para poder perseverar durante las dificultades.

Otros lugares en la Biblia, como Efesios 6, dejan en claro que como cristianos estamos en una guerra espiritual. Una de las razones de que el diablo vaya con tanta fuerza tras los hombres es que, si puede aniquilar o arruinar a uno de ellos, podrá exterminar o arruinar todo un legado, posiblemente durante generaciones futuras. Los muchos problemas y retos que enfrentan los niños sin padre muestran lo que sucede cuando los hombres no dejan un buen legado.

Ser un hombre que deja legado no es un juego. Tampoco es bonito. No se trata solo de vestirse e ir a la iglesia para complacer a nuestra esposa. Tenemos un enemigo que «como león rugiente, anda alrededor buscando a quien devorar» (1 Pedro 5:8). Debemos estar en guardia. Debemos soportar las pruebas como buenos soldados y no olvidar a quién servimos. La carrera de la vida no la gana el más rápido o el que se ve mejor, sino el que persevera y construye todos los días.

## *Reflexión*

En una escala de 1 a 10, en que 1 es un desertor absoluto y 10 es «¡moriré antes de rendirme!», ¿quién eres tú? ¿Quién eres cuando la vida te arroja todo, incluso lo del lavadero de la cocina? ¿Cuáles son tus mayores remordimientos? ¿A qué situaciones te gustaría retroceder en el tiempo para arreglar las cosas o hacerlas de modo diferente? El remordimiento es algo feo, pero hoy es un nuevo día para que hagas algo nuevo. Sin embargo, esta vez comprométete a solucionar lo malo.

## *En la práctica*

- ¿Cuál es tu meta más importante a largo plazo en que te comprometerás a no darte por vencido?
- ¿En qué aspecto sientes deseos de rendirte pero sabes que no deberías hacerlo?

- ¿En qué área de tu vida quieres pureza pero haces concesiones cuando estás agobiado?
- ¿A quién tienes para alentarte o darte un empujoncito cuando debes seguir adelante?
- Si no tienes esa persona, ¿cuál es tu plan para conseguir a alguien así en tu vida?

### *Versículos para estudiar*

- Job 13:15
- Proverbios 24:16
- Hechos 9:16
- Romanos 5:3
- 1 Corintios 4:12; 10:13
- 2 Corintios 1:9
- Gálatas 6:9
- Efesios 6:18
- Filipenses 1:12; 3:14
- 2 Timoteo 2:3-4; 3:10-12
- Hebreos 12:3
- Santiago 1:2-4, 12, 25
- 1 Pedro 4:14-16
- 2 Pedro 1:6
- Apocalipsis 3:10

**Pilar 7**

# PODER: EL ESPÍRITU SANTO LIBERADO

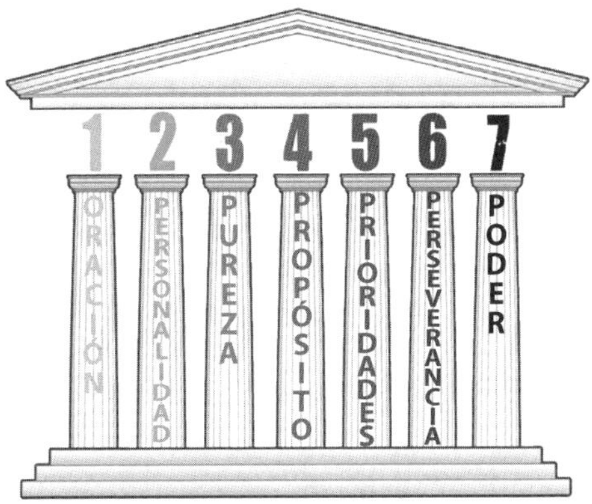


La cruz existe porque hemos fallado.

—Anónimo

Dios abre puertas… pero tu trabajo es atravesarlas.

—Joe Pellegrino

## El mismo poder que resucitó de los muertos a Jesús

Cuando naces de nuevo, Dios te da el Espíritu Santo para que venga y viva dentro de ti. Este es el mismo Espíritu Santo que resucitó de los muertos a Jesucristo y que nos resucita de estar espiritualmente muertos para hacernos vivir espiritualmente. Y es el mismo Espíritu Santo que nos da el poder para seguir a Cristo todos los días de nuestra vida. En 1 Corintios 4:20 se nos advierte que «el reino de Dios no consiste en palabras, sino en poder». ¡Este es el pasaje de un hombre, si alguna vez hubo uno! Echemos una mirada más de cerca a lo que esto significa.

En primer lugar, tenemos que comprender que Dios es un Rey, y que gobierna en su reino. En el reino de Dios, Él está a cargo. Tiene el dominio. Lo que Él dice se hace. Cuando decidimos seguir a Jesucristo, dejamos nuestro pequeño reino donde tratamos infructuosamente de controlarlo todo, y entramos a su reino, donde Él reina de modo supremo.

Al confiar en nuestras propias fuerzas estamos limitados por nuestras debilidades. Pero Dios es omnipotente, lo cual significa que es todopoderoso. Optar por seguir a Cristo significa renunciar al control de nuestra vida y confiar en que Jesús sea nuestra fuente diaria de poder. Debemos dejar de usar nuestras propias fuerzas y capacidades limitadas para seguir a Cristo y, a su vez, optar por seguirlo en nuestros pensamientos, nuestras acciones y decisiones. Tenemos acceso al poder ilimitado de Jesucristo mediante el Espíritu Santo. Utilicémoslo.

Cuando decidimos seguir a Cristo, el Espíritu Santo viene a morar en nosotros. Una vez más, este es el mismo Espíritu Santo que resucitó de los muertos a Jesucristo. Pablo afirma en Romanos 8:11: «Si el Espíritu de aquel que levantó de los muertos a Jesús mora en vosotros, el que levantó de los muertos a Cristo Jesús vivificará también vuestros cuerpos mortales por su Espíritu que mora en vosotros». Esto va más allá de un individuo que es arrastrado a la iglesia por su esposa el domingo por la mañana. Se trata del poder puro de Dios que vive en nosotros y actúa a través de nosotros.

## *El propósito del poder*

Hay algo en los hombres que hace que nos fascine el poder. Saltamos cuando vemos un tremendo jonrón, una increíble clavada o un nocaut repentino. Estamos programados por el poder. Seguir a Cristo no tiene que ver con ir a la iglesia, escuchar pasivamente y olvidar lo que oímos. Cuando vamos a la iglesia lo hacemos porque queremos aprender a caminar en el poder del Dios todopoderoso. Cristo no solo quiere modificar nuestra conducta, desea revolucionar nuestras vidas.

Dios nos da el poder para lograr sus propósitos, que incluyen forjar matrimonios fuertes, vencer hábitos pecaminosos y ser padres fabulosos para nuestros hijos. ¿Cómo sería nuestra vida si actuáramos más en el poder de Dios y menos en nuestras limitaciones? Durante demasiado tiempo los hombres han vivido en el poder de la carne y no en el poder del Espíritu Santo.

## *El generador*

Yo (Joe) mencioné que, en el 2011, nuestra casa se inundó por el huracán Irene. En el 2012 golpeó el huracán Sandy, y enfrentamos la amenaza de más inundación. Sin embargo, sucedió algo casi peor que la inundación: la electricidad se fue durante siete días completos. ¿Cómo sobrevivir sin electricidad durante toda una semana? Afortunadamente nos bendijo tener un generador; pero, desdichadamente, cuando traté de encenderlo, no prendió.

Seguí tratando de hacer funcionar el generador, pero no se puso en marcha. Revisé todas las conexiones y parecían estar bien. Ya que en realidad no habíamos usado antes el generador, pensé que podía estar pasando algo por alto. Así que le pedí a un vecino con conocimientos de mecánica que le diera una mirada. Él llegó, accionó el interruptor, tiró de la cuerda y el aparato prendió al instante. Quedé estupefacto. Le pregunté qué había hecho y me contestó: «Nunca lo conectaste. Tenías apagado el fusible». Muchas veces, cuando queremos enchufarnos al poder, no nos conectamos; fallamos en conectarnos de manera que el poder encienda.

Yo tenía un generador capaz de dar electricidad a toda mi casa, pero no estaba funcionando. De igual manera, muchos hombres tienen fe en Cristo como su Salvador, pero la fortaleza del Señor no corre por las vidas de ellos. No se ha hecho la conexión con el Espíritu Santo. Pecado o incredulidad están haciendo cortocircuito en la conexión al poder del Espíritu Santo en sus vidas cotidianas. Por tanto, no permiten que Él dirija y suministre poder a cada aspecto de sus vidas, lo cual significa que no hay poder. Mi problema no era el generador, sino la conexión.

Existe gran diferencia entre llamar a Jesús nuestro Salvador, y llamarlo nuestro Señor. Un Señor te controla, cedes a sus deseos y le entregas las llaves de tu vida. Esto es algo difícil de hacer para los hombres, pero, si podemos entender por completo el poder que esto genera, entonces debemos hacer caso.

## Cómo romper las cadenas

Una de las razones de que nos esforcemos tanto en Legacy Minded Men es que muchos hombres están encadenados al pecado. Esto no les importa a algunos porque aman su pecado, al menos por un tiempo. Pero en algún momento muchos se dan cuenta de que aquello a lo que llamaron «libertad» y «diversión» les ha hundido los colmillos. Aquello de lo que una vez se jactaron y disfrutaron, ahora los posee. Y así, con el tiempo, empiezan a odiar ese pecado, y a menudo no saben cómo salir de su control.

Por eso, muchos individuos, aun buenos hombres de familia y sorprendentemente muchos líderes de iglesia, incluidos pastores, se han enredado en pecado continuo, como la pornografía. A otros los mantiene encadenados el alcohol, las drogas y toda clase de pecados sexuales. Algunos están buscando la próxima emoción, mientras que muchos otros utilizan su pecado para tratar el dolor.

Cuando llegas a Cristo, el Espíritu Santo te da poder para romper con estos pecados. Solo piensa que si el Espíritu Santo tuvo suficiente poder para resucitar de los muertos a Jesús después de tres días, entonces sin duda tiene suficiente poder para romper *cualquier y todo* hábito o pecado que tengamos. Legacy Minded Men tiene un ministerio llamado *Cómo romper las cadenas.* Se trata de una conferencia telefónica a la que se puede llamar y oír a hombres que han experimentado el poder del Espíritu Santo rompiendo patrones de pecado y adicciones sexuales en sus propias vidas. Muchos de estos hombres lucharon por años, algunos incluso durante décadas, pero gracias al poder del Espíritu Santo encontraron libertad.

## *Muy bueno tomando cerveza*

No solo «Muy bueno tomando cerveza» es una canción *country*, sino que para demasiados hombres también es su pasatiempo favorito. Fue el mío (de Jack), y con seguridad fui bueno en eso. Comencé a beber regularmente cuando estudiaba mi primer año en el liceo. Mis amigos y yo sacábamos a escondidas licor de los bares de nuestros padres. Lo ocultábamos en botellas de champú y lo bebíamos en el paseo marítimo de la costa de Jersey. Luego empezamos a tomar cerveza y continuamos.

A diferencia de muchos, yo fui un borracho exitoso. Con eso quiero decir que me las arreglé para completar el liceo, obtener una beca académica para la universidad y después mi licenciatura, e ir a la universidad de Columbia donde completé tres maestrías en dos años. Yo podía cerrar el bar tres o cuatro noches a la semana y aún levantarme a las ocho la mañana siguiente para ir a clases. Era un don. Beber también me permitió vivir una mentira y perpetuar un estilo destructivo de vida. En el camino lastimé a muchas personas, y dejé detrás de mí una estela de destrucción relacional.

Un domingo por la mañana, en el verano de 1997, oí a un predicador contar la historia de Jesús y de cómo pagó por mis pecados para que yo pudiera ser perdonado. Dijo que yo podía conocer realmente a Dios y que Él me daría un nuevo comienzo. Esta fue la primera vez que escuché las buenas nuevas. La gente de iglesia lo llama «el evangelio». Yo no estaba interesado en un montón de cosas religiosas ni en unirme a una iglesia, pero sí quería un nuevo comienzo. Necesitaba ser perdonado por mucho, y quería conocer a Dios.

Le pedí a Jesús que me perdonara y entrara a mi corazón. Le pedí que me diera las fuerzas para seguirlo. Lo dije en serio, pero en realidad no sabía lo que había hecho. En ese momento abrí mi corazón y el Espíritu Santo entró a morar en mí. Empecé una nueva vida. La gente de iglesia lo llama «nacer de nuevo». No solo fui perdonado, sino que al instante fui libre. A partir de ese momento nunca he vuelto a beber. Por lo que sé, cuando has sido un bebedor empedernido durante diez o doce años, es imposible dejar de hacerlo de la noche a la mañana. Pero eso es lo que me sucedió. En un instante, el Espíritu Santo me hizo una nueva persona, trayendo vida a mi alma muerta. Y Él también puede hacer lo mismo por ti.

### *No puedes soportar la verdad*

Bien… sí, es una frase de una película antigua, pero nos encanta. Resalta una importante verdad para nosotros como cristianos:

en cierto momento no podemos soportar la verdad. Es más, Jack Nicholson robó realmente esa frase de Jesús. En Juan 16:12-13, Jesús declara: «Me queda aún mucho más que quisiera decirles, pero en este momento no pueden soportarlo. Cuando venga el Espíritu de verdad, él los guiará a toda la verdad. Él no hablará por su propia cuenta, sino que les dirá lo que ha oído y les contará lo que sucederá en el futuro» (NVI).

Ha habido ocasiones en que sabemos que Dios o las personas nos estaban diciendo la verdad sobre las cosas, pero o no sabíamos cómo hacer los cambios o, sencillamente, no queríamos hacerlos (todavía). Pero el Espíritu Santo que mora en nosotros sigue obrando en nosotros hasta que estamos listos para hacer el cambio que Él desea. Podemos rechazar la verdad y, a la vez, rechazar el poder de Dios; sin embargo, esa no es la voluntad de Dios para nosotros, y es una receta segura para un pésimo legado.

Dios es paciente con nosotros, pero podemos acelerar los cambios y liberar su poder en nuestra vida al permitirle que nos guíe. Dejamos demasiadas cosas sobre la mesa cuando se trata de Dios. Debemos dejar de hacer eso. Nuestros hijos, nuestras esposas y el mundo necesitan que caminemos en el poder de Dios.

## *El cheque de 364 días*

En 1989, cuando yo (Joe) dejé mi trabajo para empezar mi propio negocio, vinieron tiempos realmente difíciles. Tuvimos problemas al tratar de poner en marcha la empresa. No sabía mucho sobre cómo iniciar un negocio, aunque había aprendido a dirigir uno en mis años anteriores. Aunque fue un tiempo interesante también, como ya dije, fue difícil.

Batallábamos cada mes para pagar nuestra hipoteca. A fin de estirar algo más el poco dinero que teníamos, decidí refinanciar nuestra hipoteca. En este proceso hubo un mes en que no teníamos dinero ni alguna idea de cómo pagaríamos la hipoteca. Un día recibí una llamada de mi abogado. Me dijo que necesitaba los documentos de mi casa. Yo no sabía dónde podían estar, así que le pedí instrucciones. Me explicó que probablemente estarían con otros documentos de mi último cierre, que había hecho el año anterior.

Guardo todos mis documentos importantes en la caja fuerte familiar. Abrí la caja y comencé a hurgar entre los papeles. Descubrí una carta sellada del abogado que había gestionado mi último cierre. Abrí la esquela y, efectivamente, allí estaban los documentos. También comencé a hojear los otros papeles en el sobre y encontré algo interesante. Había un cheque de reembolso no cobrado por casi la cantidad exacta del pago de mi hipoteca. No podía creer lo que estaba viendo. Revisé el cheque y estaba fechado 364 días antes. Algo que había aprendido de mi tiempo en los negocios era que los bancos no hacen efectivo un cheque con más de 365 días de antigüedad.

Así que corrí (y quiero decir *corrí*) hasta el banco. Fui al autoservicio a depositar el cheque y todo el tiempo oré: *Señor, haz que me digan: «Que tenga un buen día»*. Efectivamente, la joven regresó y dijo: «¡Que tenga un buen día!». El cheque pasó, y pude hacer el pago de mi hipoteca.

Pasé mucho tiempo orando y tratando de entender cómo Dios iba a ayudarme a pagar mi hipoteca. Entonces de la nada Él me dirigió a un cheque que recibí 364 días antes. El documento había estado esperando en la caja fuerte durante casi un año. Lo único que yo debía hacer era abrir la caja y hacer efectivo el cheque a fin de tener lo que necesitaba. ¿Estás recurriendo al poder del Espíritu Santo que te proporcionará el poder que necesitas para llevar una vida que deje legado?

## *Reflexión*

¿Cómo sería de distinta tu vida si caminaras en el poder de Dios en maneras más grandiosas? ¿Qué te detiene? ¿Te has conformado con ser un cristiano de domingo por la mañana que no lee la Palabra ni trata de vivirla en la vida diaria? ¿En qué áreas debes ondear la bandera blanca, rendirte a Cristo y pedirle su poder?

Consigue un entrenador. Nadie va a los juegos olímpicos sin un gran entrenador. Si eso pasa con los deportes físicos, ¿cuánto más importante es un entrenador espiritual? Sí, puede ser tu pastor. Sin embargo, ¿a quién tienes en forma regular, incluso a diario, si es necesario, que te oriente, te anime y te ayude a caminar en el poder de Dios?

## *En la práctica*

- Lee y estudia la Palabra de Dios. Es importante conocer la verdad, y la mejor manera de saberla es conocer la Palabra de Dios.
- Ten un tiempo diario a solas con Dios. Esto es tal vez lo más importante que puedes hacer cada día. Durante un tiempo de soledad dedícate a orar, a leer la Palabra de Dios y a enfocarte en las áreas en que debes crecer. Hay muchos grandes libros y recursos que pueden ayudarte, los cuales también te mostrarán pasajes bíblicos específicos en los cuales centrarte y mediante los cuales vivir.
- Enfócate en crecer y no solo en tratar de dejar ciertos comportamientos. El Espíritu Santo te da poder cuando andas en obediencia a la Palabra y a cómo

esta te guía. Mientras más tiempo pases con Dios y siguiendo su dirección, más andarás en su poder.

### *Versículos para estudiar*

- Salmos 62:11
- Zacarías 4:6
- Mateo 6:13
- Marcos 5:30
- Lucas 24:49
- Juan 14:26; 16:12-13
- Hechos 1:8; 4:33
- Romanos 8:11, 31; 10:9
- 1 Corintios 1:17; 2:4; 3:16; 4:20
- Efesios 6:10
- Colosenses 1:29
- 1 Tesalonicenses 1:5

## Epílogo

# ¿AHORA QUÉ?

Proceso. Mira, ¿podría ser este el próximo pilar? Así como la salvación es la línea de partida, no la meta final, así tu decisión de convertirte en un hombre que deja legado *no* es la meta final. Más bien es solo el principio de un asombroso recorrido espiritual. La verdad es que llegaste a ser quien eres hoy día debido a un proceso, un proceso llamado «vida», y estás donde te encuentras debido al proceso de vida que has llevado.

## No es una resolución de Año Nuevo

Convertirte en un hombre que deja legado no es como el promedio de resoluciones de Año Nuevo que duran una semana o dos en el mejor de los casos. No se trata simplemente de una decisión de ser perdonado por Dios, y luego seguir con la vida que siempre has tenido. Es una decisión de convertirte en un hombre fortalecido por Dios cuya vida sea algo que puedas transmitir con orgullo a tus hijos, tanto naturales como espirituales.

Te damos un último ejemplo antes de dejarte. Cuando mi hijo Joey tenía alrededor de ocho años, yo (Joe) lo llevaba al patio trasero y le enseñaba a jugar béisbol. El trato era que si bateaba la pelota por sobre mi cabeza, le compraría un gran barco pirata de LEGO que el chico quería de veras. Desafortunadamente, nunca bateó la pelota por sobre mi cabeza. ¿O sí?

Mi hijo creyó haberlo hecho, pero no estuve de acuerdo. A pesar de todo, obviamente se molestó porque pensó que yo no había cumplido con mi parte del trato. Cuando Joey tenía veinticuatro años consiguió un trabajo en el área de Orlando. En noviembre de 2013 manejamos desde Nueva Jersey hasta Jacksonville, Florida, en tiempo récord. Durante el viaje tuvimos varias conversaciones, principalmente buenas. Pero hubo algunas que me advirtieron que aún había alguna tensión entre nosotros.

Una vez que llegamos, debíamos instalar a Joey en su nuevo apartamento, así que nuestra primera parada fue en la tienda Walmart local. Mientras buscábamos artículos de limpieza y varias cosas sueltas, llegué al pasillo de LEGO. Parado frente a la nueva versión del barco pirata, comprendí que el barco estaba creando discordia entre nosotros, así que decidí que era hora de hacer algo al respecto. Cuando volé a casa al día siguiente, mi primera parada fue en Walmart, donde compré ese barco pirata, lo envolví y esperé la llegada de la Navidad.

Cuando Joey vino a casa para Navidad, yo no podía esperar para darle este regalo especial. Después de entregados todos los obsequios, le comuniqué a mi hijo que tenía uno más para él, pero que antes que lo abriera debía leer primero la tarjeta que le había escrito. Simplemente decía:

> Joey:
>
> Hace mucho tiempo debí haber hecho esto, por lo que estoy apenado. Acepta este regalo, por favor, por tarde como pueda ser, por los continuos jonrones que estás bateando en tu vida.
>
> Con amor, papá.

La expresión de su rostro lo dijo todo. Después de leer la

nota dijo saber exactamente cuál era el regalo. Ese día pasamos la Navidad en casa de mi cuñado Timmy. Cuando Timmy le preguntó a Joey qué recibió por Navidad, Joey puso su brazo alrededor de mí y expresó: «Papá nunca tendrá que comprarme otro obsequio». Aquello significó el mundo para mí.

No importa cuánto hayas metido la pata, no importa cuántos años hayan transcurrido, siempre puedes hacer algo acerca de tus errores pasados. Aunque la persona a la que vuelvas no te perdone, estarás liberado. Estoy muy agradecido de haber corregido un error, y creo que Joey y yo estamos mejor por eso. Nunca es demasiado tarde para corregir un error cometido en el pasado.

Si quieres ser un hombre que deja legado, todo empieza con el cimiento correcto. Jesucristo es la Roca sobre la cual edificamos toda nuestra vida, la única base sólida y real que permanece confiable pase lo que pase. Una vez que hayamos asentado eso en nuestros corazones y mentes, entonces y solo entonces podemos comenzar a edificar sobre los siete pilares de un hombre que deja legado.

Un hombre que deja legado se preocupa más por convertirse en algo que por comprobar una lista de tareas pendientes. Se enfoca en el conocimiento, no solo en realizar un ejercicio intelectual. Un hombre que deja legado vive en dos lugares al mismo tiempo. Se levanta cada día y lucha por ganar la batalla que tiene por delante, pero también mira hacia el futuro y vive en tal forma que le permita forjar un legado perdurable.

Dios te creó para triunfar. Por tanto, recuerda siempre que no estás solo en esto. Él está a tu lado, y también lo está un ejército de hombres que dejan legado. Jesús es el fundamento. La gracia de Dios es el cemento, y el Espíritu Santo es el constructor que se encuentra dentro de los que descansan en la paz de Cristo. Ahora este es un equipo del que deseamos formar parte. ¿Y qué hay respecto a ti?

## Mensaje final

La vida es cómica. Yo (Joe) río a menudo porque Dios me haya escogido para hablar a hombres sobre muchos asuntos escritos en este libro. Esto puede ser especialmente humillante porque en todo lo que estoy animándote a hacer, en algún momento en mi vida me equivoqué. No espero que seas perfecto, y Dios tampoco lo espera. Desde luego, esta no es una excusa para hacer cosas incorrectas en forma expresa y repetida. La realidad es que, a pesar de mis mejores esfuerzos, aún a veces quedo corto. Es más, sigo teniendo dificultad para tratar con cosas que he hecho. Sé que no puedo vivir en el pasado, y tampoco puedo cambiarlo... solo puedo aprender de él.

Deseo animarte en que Dios te concede gracia cuando no eres perfecto. La gracia hace dos cosas: cubre nuestros errores y también nos permite mejorar la próxima vez. No puedes cumplir estos dos aspectos con tus propias fuerzas, nadie puede hacerlo, pero logras llevar todo a cabo por medio de Cristo que te fortalece (Filipenses 4:13). Me siento mejor porque me niego a darme por vencido y a conformarme. Creo que tú también eres un luchador, a quien Dios creó para hacer cosas asombrosas. Es más, uno de mis versículos favoritos capta mejor esta idea: «¿No sabéis que los que corren en el estadio, todos a la verdad corren, pero uno solo se lleva el premio? Corred de tal manera que lo obtengáis» (1 Corintios 9:24).

*Transformado: Los 7 pilares de un hombre que deja legado* ha trazado un plan victorioso para tu vida. También es importante recordar que no estás solo en esto: Tienes a Jesucristo y a tu iglesia, además del cuerpo más grande de Cristo. Por último, el ministerio Legacy Minded Men está aquí para ti y tu iglesia. Nos necesitamos para seguir creciendo y seguir adelante. Estamos ansiosos por ver y oír acerca del legado que Dios construye por medio de tu vida. Ingresa por favor a www.transformedtoday.com para contarnos tu historia.

¡Ahora ve allá afuera y gana!

# RECURSOS ADICIONALES

## Legacy Minded Men

Para organizar una conferencia de *Transformado* o para encontrar herramientas de discipulado y para grupos, talleres y mucho más, ingresa a www.legacymindedmen.org. También puedes estar al día con Legacy Minded Men en:

Twitter: @legacymindedmen
Facebook: Legacy Minded Men
https://www.facebook.com/LLMNJ

## Jack Redmond Ministries

Jack Redmond Ministries es un gran recurso para adiestramiento de liderazgo, crecimiento de iglesias, conferencias regionales, ministerio de jóvenes, blogs, libros, *podcasts* y más, con Jack Redmond. Para más información o para acceder a estos recursos, ingresa a

www.jackredmond.org.
Twitter: @jackwredmond
Facebook: Jack Redmond
https://www.facebook.com/Jack-Redmond-122638984452433/

# ACERCA DE LEGACY MINDED MEN

www.LegacyMindedMen.org

## Nuestra misión

Transformar vidas al comprometer, animar y preparar hombres a fin de que construyan un legado centrado en Cristo.

## Nuestra visión

La visión de Legacy Minded Men es transformar hombres que no tienen compromiso y que son apáticos en su fe, motivándolos a que se conviertan en individuos totalmente comprometidos y que los caracterice la acción. Por medio de nuestro ministerio basado en el servicio nos acercamos a la iglesia local, grande o pequeña, para ayudar a fundar, o apoyar, el ministerio de hombres, el cual si se hace de modo adecuado no solo influirá en la iglesia sino en el individuo mismo. Esto a su vez afectará de manera maravillosa a la familia, el lugar de trabajo y, en última instancia, la comunidad a la que él sirve.

## Recursos

En Legacy Minded Men estamos comprometidos con tu éxito. Nuestra página web, www.legacymindedmen.org/resources/legacy_minutes/ ofrece una tremenda cantidad de recursos en español y en inglés para ayudar a cualquier hombre, grupo o iglesia. Por supuesto, siempre puedes contactarnos mediante el sitio en línea o llamándonos al 973-865-8000 (Estados Unidos). Esperamos que disfrutes el viaje.

# CÓMO ESTABLECER Y SUSTENTAR UN GRUPO LEGADO VIBRANTE

Otro gran suceso. Los hombres se conmovieron. Se generó mucha emoción. ¿Ahora qué? Muy a menudo aquí es donde el balón deja de rodar. No obstante, ¿y si hubiera algo en la parte final que prolongara la vida del acontecimiento? ¿Y si hubiera algo que tome lo que los hombres aprendieron y les permita vivirlo? Tal vez no hubo un evento, pero simplemente te sientes dirigido a animar y preparar hombres a fin de que se conviertan en todo lo que Dios quiere que sean. Cualquiera que sea la razón, los Grupos Legado llevan a los hombres a un nuevo nivel.

## ¿Qué es un Grupo Legado?

Los Grupos Legado son una herramienta única que permite a los hombres la libertad de ser reales unos con otros. Esto fomenta relaciones auténticas que los animan a responder al llamado de Dios. Los Grupos Legado no son en sí para estudio bíblico, aunque obviamente se analiza la Palabra de Dios. Más bien, son lugares donde los hombres pueden ser ellos mismos sin preocuparse de ser juzgados. La verdad dicha en amor es una fórmula para la transformación.

## ¿Cuál es el propósito de un Grupo Legado?

Estos grupos están diseñados para transformar vidas por medio del compromiso, el ánimo y la preparación de hombres a fin de labrar un legado centrado en Cristo.

## ¿Quién debería ser el instructor?

No todo el mundo está preparado para dirigir un Grupo Legado. El candidato ideal debe ser un hombre que no sea tímido y que pueda mantener en marcha el debate, lo cual es muy importante para que los hombres permanezcan atentos. Tampoco debe ser un complaciente que diga a los hombres lo que desean oír o les permita un continuo debate improductivo.

## ¿Cuál es el papel del instructor?

He aquí algunos consejos para quienes lideran un Grupo Legado.

- No permitas que un hombre domine toda la conversación. Haz saber a los miembros que si alguien está dominando la conversación, te interpondrás para incluir más voces en el debate.
- Sugerimos que hagas que los hombres rellenen una encuesta que te permita medir dónde se encuentran en sus vidas y su caminar. Puedes encontrar la encuesta en la página 134.
- Anima a los hombres a identificar a alguien a quien rendir cuentas. A continuación se encuentran algunas preguntas recomendadas que los integrantes del grupo pueden hacerse mutuamente:

    1. ¿Cómo te va con Dios?
    2. ¿Cómo te va con tu esposa o con quien estás saliendo?
    3. ¿Cómo te va con tus hijos?
    4. ¿Qué tentaciones enfrentas y cómo estás tratando con ellas?

5. ¿Cómo han sido tus pensamientos esta semana?
6. ¿Estás viviendo constantemente para Cristo en tu lugar de trabajo o en la escuela?
7. ¿Has estado pasando tiempo regular de oración y en la Palabra?
8. ¿A quién has estado testificándole del evangelio?
9. ¿Has mentido en tus respuestas a alguna de las respuestas anteriores?
10. ¿Cómo puedo orar por ti y ayudarte?

## ¿Cuántos hombres integran un grupo?

Los Grupos Legado los componen idealmente entre dos y quince hombres. Aunque esto podría parecer una cantidad pequeña, es esencial para asegurar que ellos se sientan cómodos y seguros. También es importante conseguir que sean conscientes de que la información privada que se intercambia en la reunión no debe comunicarse a nadie fuera del grupo. Si los grupos aumentan a más de quince miembros, te sugerimos encarecidamente que identifiques un líder entre ellos y generes un nuevo grupo.

## ¿Cuándo y dónde debería reunirse el grupo?

Aunque no existe un día o una hora mejor que otras, es importante ser constante en tus tiempos de reunión. Por ejemplo, todos los lunes de 7 a 9 de la noche, o un martes sí y otro no de 7 a 8:30 de la mañana. Esto permitirá a los hombres incluir fácilmente la reunión en su programación. Si estás encargándote de hombres que no pueden reunirse durante la semana, puedes programar una reunión el sábado. El objetivo final es establecer un tiempo que funcione para los miembros del grupo.

Los Grupos Legado pueden reunirse en una iglesia, una casa o incluso en un restaurante o una cafetería local. Los hombres simplemente pueden reunirse con algunos amigos, o pueden formar parte de un programa de iglesia. Lo importante es que se reúnan y sean reales y auténticos en sus relaciones unos con otros.

## ¿Cómo se estructuran las reuniones?

Cada reunión debe comenzar en la misma forma:

1. Iniciar con oración.
2. Hacer que se presenten los hombres que van por primera vez.
3. Leer lo siguiente al grupo, al menos por primera vez (si tienes el mismo grupo cada vez que te reúnes, está bien si no vuelves a leerlo):
    a. Es importante entender que serán responsables de mantener el debate en marcha. Por tanto, cada participación se limitará a no más de cinco minutos. Esto evita que alguien domine la conversación y también posibilita que participen más miembros.
    b. Por favor, sean respetuosos de las creencias y la formación de los demás.
    c. Lo que se dice en el grupo queda dentro del grupo. Esto es fundamental para forjar y mantener la confianza entre los asistentes.
4. Si en la reunión anterior se debatió un tema que requiera continuación, recordar los comentarios que se hicieron.

5. Si hay un video semanal, reproducirlo y utilizar las preguntas (https://www.legacymindedmen.org/resources/legacy_minutes, disponible en español).
6. Si el grupo se sale por la tangente, permitirlo mientras lo que se diga sea algo constructivo. Simplemente asegurarse de que finalmente los asistentes retomen el tema.
7. Analizar proyectos o actividades en que el grupo pueda estar interesado en tomar parte.
8. Recibir peticiones de oración.
9. Terminar en oración.

Si desean adoptar un enfoque distinto, pueden hacerlo. Por ejemplo, si quieren tener la reunión del grupo una semana, y la semana siguiente tratar de ayudar a alguien a realizar un proyecto, sería fabuloso. También pueden omitir el video e ir directamente al análisis de las preguntas.

## ¿Cuáles son los beneficios de un Grupo Legado?

- A diferencia de los ministerios de hombres de la iglesia promedio, los Grupos Legado tratan con asuntos que son demasiado reales para los hombres.
- Los Grupos Legado promueven el desarrollo de fuertes relaciones con un énfasis en rendir cuentas.
- Los hombres se relacionarán con otros de diferentes orígenes y culturas, rompiendo las barreras que hay en la iglesia y la sociedad como un todo.

## ¿Qué dice la gente acerca de los Grupos Legado?

Establecer un Grupo Legado fue mejor de lo que pude haber imaginado. Muchas gracias, estamos realmente agradecidos.

—Pastor Chris Lawrence,
Church of the Living Hope

Cada vez que nos reunimos, crecemos más unos con otros. Esto incluye hacer actividades juntos que meses atrás no habríamos hecho. Es más, ¡hoy día diez de nosotros (de varias edades) estuvimos jugando béisbol en el patio de la iglesia! Y mañana vamos a jugar béisbol en un campo más grande. Como siempre, Dios se glorifica.

—Pastor Ernesto Marín, La Habana, Cuba

Estamos realmente en deuda con ustedes.

—Pastor Adonai Magwaza, Zimbabue, África

## ¿Preguntas?

Si tienes alguna pregunta, visita nuestra página en la Internet www.LegacyMindedMen.org. Queremos ayudarte.

# ENCUESTA DEL MINISTERIO DE HOMBRES

## Información general

1. Edad ☐ 18-24 ☐ 25-29 ☐ 30-39 ☐ 40-49 ☐ 50-64 ☐ 65 +

2. Estado civil: Soltero_______ Casado_______ Número de hijos_______

3. Tipo de trabajo:________________________________________

4. ¿Cuáles de estos temas son más importantes para ti? (Marca dos de los más importantes).

   ☐ Encontrar empleo
   ☐ Seguridad laboral
   ☐ Roles e identidad masculina
   ☐ Equilibrio de trabajo, hogar y ministerio
   ☐ Habilidades para la crianza
   ☐ Jubilación
   ☐ Cómo alcanzar a otros hombres
   ☐ Vida espiritual
   ☐ Relación con la esposa
   ☐ Pureza sexual
   ☐ Malos hábitos
   ☐ Integridad

## Un hombre y su familia

5. ¿Estarías interesado en formar parte de un Grupo Legado? ¿Proporciona este grupo pequeño un ambiente seguro y atractivo en que los hombres pueden ser reales y desarrollar relaciones sólidas?

   ☐ Sí ☐ No

6. ¿Cuándo te sería más conveniente asistir a esa reunión? (Marca todas las que correspondan)

   ☐ Sábado en la mañana
   ☐ Noches en la semana, ¿cuáles?_____________
   ☐ Domingo en la mañana
   ☐ Domingo en la noche

7. ¿Qué temas te gustaría que se trataran? (Marca dos)

- ☐ Cómo mantener vivo el romance
- ☐ Disciplina de los hijos
- ☐ Cómo sobrevivir a la adolescencia en tu matrimonio
- ☐ Cómo ser el líder espiritual en casa
- ☐ Manejo de conflictos
- ☐ Comunicación con tu esposa
- ☐ Cómo tratar con la lujuria
- ☐ Asuntos de integridad
- ☐ Otros______________________________

8. ¿Estarías dispuesto a ayudar en el Grupo Legado de la iglesia?

☐ Sí ☐ No

9. En caso afirmativo, ¿cuáles son tus áreas de interés potencial?

- ☐ Publicidad
- ☐ Organización de eventos
- ☐ Líder de un grupo
- ☐ Mentor

10. ¿Qué te gustaría lograr personalmente a través de tu participación en el ministerio de hombres? (Elige hasta dos)

- ☐ Un caminar más cerca con Dios
- ☐ Compañerismo con otros hombres cristianos
- ☐ Una salida para ventilar problemas
- ☐ Más participación en la iglesia o frustraciones
- ☐ Una oportunidad de conocer a otros hombres
- ☐ Otro______________________

| Nombre: | Teléfono celular: |
|---|---|
| Correo electrónico: | |
| Dirección: | |
| Ciudad, estado, zona postal: | |

# UN LEGADO EN UN MINUTO

GUÍA DE DEBATE
PARA CATORCE SEMANAS
DE LOS GRUPOS LEGADO

## Semana 1

***Pilar 1:*** Oración

***Reflexión:*** La oración invita a Dios a entrar en tu situación para que su poder y sabiduría te ayuden a superar o solucionar un problema.

***Pasaje bíblico:*** «Ustedes no tienen, porque no se lo piden a Dios» (Santiago 4:2, TLA).

***Preguntas de debate:***

1. ¿Qué significa que orar simplemente es «hablar con Dios»?
2. ¿En qué aspectos de tu vida has tratado de cambiar pero no has visto el cambio que deseas?
3. ¿Cómo podría la respuesta a la oración cambiar tu vida ahora mismo?
4. ¿Has hecho una lista de cosas por las cuales orar constantemente hasta que Dios te dé la estrategia, la fuerza o la provisión que necesitas para que las situaciones cambien?
5. ¿Cómo podría la oración contestada cambiar tu legado?
6. ¿Qué personas de las que te rodean y qué situaciones en el trabajo o en la sociedad necesitan tus oraciones?

***Deja un legado:*** ¿A quién tienes en tu vida que necesite tu ayuda física y tus oraciones? Empieza a organizar una lista de personas a quienes puedas ayudar y servir, y por quienes puedas orar. Podría ser prudente enfocarte en ayudar solo a una o dos personas a la vez, dependiendo de la situación. Observa lo que Dios hará mientras les ayudas a triunfar, tanto espiritual como naturalmente.

## Semana 2

***Pilar 2:*** Personalidad

***Reflexión:*** Tu personalidad es quién eres en el fondo y en los momentos más difíciles de tu vida. A menudo la conforman y definen aquellos que te rodean y a quienes escuchas.

***Pasaje bíblico:*** «Hay camino que al hombre le parece derecho; pero su fin es camino de muerte» (Proverbios 14:12).

***Preguntas de debate:***

1. ¿Quién crees que eres realmente?
2. ¿Te animan a ser mejor las personas que están cerca de ti, o te alejan de tu destino y legado?
3. ¿A quién tienes en tu vida que esté labrando tu personalidad y legado?
4. ¿Qué clase de personas debes agregar a tu vida para vivir a plenitud tu propósito?
5. ¿Hay algunas personas que debas limitar o erradicar de tus interacciones regulares?
6. ¿En quién estás invirtiendo tu vida a fin de edificar su personalidad y carácter?

***Deja un legado:*** Uno de los factores clave en labrar nuestro legado es, en primer lugar, ser fuertes y maduros. A menudo queremos ayudar a otros, pero esto se hace mejor desde un lugar de fortaleza. Haz una lista de tres aspectos en que debas crecer, y luego encuentra de uno a tres hombres que te ayuden a desarrollarte en estos aspectos. Esto te ayudará a forjar tu personalidad. Esta clase de relaciones puede llevar sabiduría a tu vida, porque no todo lo que parece adecuado en el momento es lo correcto.

## Semana 3

***Pilar 3:*** Pureza

***Reflexión:*** La pureza puede que no sea un debate popular en el juego de pelota o el salón de juntas, pero es un asunto importante cuando se trata de relacionarse con Dios y andar en su poder. Tener mente y corazón limpios es la base para producir palabras y acciones limpias. Participar de manera voluntaria en actividades impuras y pecaminosas básicamente le dice a Dios que tales cosas son más importantes que Él. La pureza abre la puerta a la presencia y el poder de Dios, mientras que la impureza cierra con firmeza esa puerta.

***Pasaje bíblico:*** «¿Quién subirá al monte de Jehová? ¿Y quién estará en su lugar santo? El limpio de manos y puro de corazón; el que no ha elevado su alma a cosas vanas, ni jurado con engaño» (Salmos 24:3-4).

***Preguntas de debate:***

1. ¿Has pensado alguna vez que al enfocarte o participar en acciones y pensamientos impuros estás diciéndole a Dios que no lo quieres en tu vida?

2. ¿Cuál es la diferencia entre tener pensamientos impuros y centrarte o vivir a propósito en esos pensamientos o estilo de vida?

3. ¿Pensaste alguna vez que cuando alguien opta por la impureza no solo pierde a Dios, sino que Dios también pierde a ese individuo?

4. ¿Te has enojado alguna vez con Dios por no ayudarte, pero ahora te das cuenta de que elegiste otra cosa y prescindiste de su ayuda?

5. ¿Cómo ha logrado la sociedad que la impureza parezca algo normal?

6. ¿Te motivó este debate a hacer algunos cambios?

***Deja un legado:*** La pureza, o su falta, se transmite de generación en generación. Además, vivimos en una generación que más que cualquier otra en la historia promueve la impureza. Puedes hacer cambios para asegurarte de que estás transmitiendo un legado puro a tus hijos y nietos. También es importante ayudar a hombres jóvenes a vivir en un mundo tan impuro. ¿Existe otro hombre con quien puedas tener un debate sobre la pureza? Sería fabuloso que le ayudaras a dar algunos pasos para que establezca y mantenga un estilo puro de vida.

## Semana 4

***Pilar 4:*** Propósito

***Reflexión:*** Vivir nuestro propósito a veces puede ser retador. En primer lugar, debemos descubrir cuál es el propósito; y una vez que lo conozcamos, debemos organizar nuestra vida para cumplirlo. La realidad es que si te sentaras con el individuo promedio y le preguntaras si sabe si está viviendo o no su propósito para la vida, lo más probable es que recibirías una mirada vacía y no tendrías mucho por respuesta. Está claro que Dios nos creó para un propósito, pero nunca lo viviremos sin ser intencionales en su búsqueda.

***Pasaje bíblico:*** «Yo sé los pensamientos que tengo acerca de vosotros, dice Jehová, pensamientos de paz, y no de mal, para daros el fin que esperáis» (Jeremías 29:11).

***Preguntas de debate:***

1. ¿Sientes que tu vida tiene un propósito?
2. ¿Puedes describir el propósito de tu vida en una frase?
3. ¿Cuál es la diferencia entre estar atareado y vivir tu propósito?
4. ¿Qué cosas tienes que hacer de modo distinto para vivir tu propósito?
5. ¿Qué obstáculos debes eliminar para vivir tu propósito?
6. ¿A quién tienes en tu vida que te anime y ayude a cumplir ese propósito?

***Deja un legado:*** El propósito para la vida proviene al Dios darnos una visión (Proverbios 29:18, NVI), la cual nos hace ordenar nuestras vidas de modo que la cumplamos de veras. Tener visión y un plan para vivir tu propósito es la diferencia entre llevar una gran vida o solo sentarte en un bar a hablar de los días gloriosos. Lo que sientes como la mayor carga de tu corazón probablemente se relaciona con tu propósito. Pasa tiempo con Dios, sueña y luego actúa.

## Semana 5

***Pilar 5:*** Prioridades

***Reflexión:*** Vivimos en la época más ajetreada y angustiosa de la historia del mundo. Nunca habíamos tenido tantas cosas que nos arrastran e interrumpen, y el peligro es que carcomen nuestro tiempo y nos alejan de nuestras prioridades. La clave para cumplir nuestro propósito es establecer nuestras prioridades y luego vivir de manera centrada en lograrlas.

***Pasaje bíblico:*** «Prepara tus labores fuera, y disponlas en tus campos, y después edificarás tu casa» (Proverbios 24:27).

***Preguntas de debate:***

1. ¿Cuáles son los tres aspectos más importantes en tu vida?
2. ¿Estás viviendo en base a un conjunto de prioridades o tan solo te dedicas a problema tras problema a medida que surgen?
3. ¿Escribes con regularidad tus prioridades y anualmente las metas para tu vida?
4. ¿Programas regularmente tiempo significativo para alcanzar tus prioridades?
5. ¿Qué cosas puedes minimizar o eliminar para tener más tiempo, energía y recursos a fin de enfocarte en tus prioridades?
6. ¿Tienes debates importantes y continuos con tu esposa o tu familia acerca de cómo establecer y vivir tus prioridades?

***Deja un legado:*** Escribir tus prioridades y programar tiempo para alcanzarlas es una herramienta poderosa. También es un poderoso forjador de legado. Además, puedes ayudar a otros a establecer este hábito poderoso. Tal vez puedas encontrar a un hombre joven en tu vida que necesite ayuda para identificar sus prioridades, y ayudarle a establecer un plan de vida para lograrlas.

## Semana 6

***Pilar 6:*** Perseverancia

***Reflexión:*** Perseverancia es la habilidad de mantenerte enfocado y pasar por todas las pruebas de la vida y los asuntos que te alejan de tus prioridades. La perseverancia también es la convicción de seguir adelante sin echarte atrás en tu matrimonio, tu fe o tu familia. Aprendes perseverancia de tus fracasos o incapacidades, y te motiva a seguir creciendo.

***Pasaje bíblico:*** «No nos cansemos, pues, de hacer bien; porque a su tiempo segaremos, si no desmayamos» (Gálatas 6:9).

***Preguntas de debate:***

1. En una escala de 1 a 10, en que 1 es «soy un gran desertor» y 10 es «moriré antes de renunciar», ¿quién eres tú en el fondo?
2. Nombra dos o tres situaciones en que estás comprometido a perseverar.
3. ¿Has escrito los pasos que debes dar a fin de lograr los objetivos y resultados que deseas en tu vida?
4. ¿Llevas un estilo de vida que incluya aspectos como ejercicio, descanso, tiempo a solas con el Señor y otras disciplinas para mantenerte fuerte y ayudarte a no mostrar fatiga?
5. ¿Qué cosas no esenciales, que consumen tu tiempo y energía, podrías eliminar de tu vida?
6. ¿Tienes personas que te animan a perseverar y te apoyan cuando te sientes agotado?

***Deja un legado:*** George Patton declaró: «La fatiga nos hace cobardes a todos».[11] Tenemos que ver al agotamiento como un enemigo que nos hace cobardes, y nos impide perseverar. Muchos hombres están demasiado extenuados para luchar por sus matrimonios y familias, y caen en pecado cuando se sienten agotados. Solemos dar sobras a nuestra esposa y nuestros hijos porque gastamos toda nuestra energía en el trabajo o en otro lugar. Por eso, todos los días debemos determinar claramente nuestras prioridades y luego dar lo mejor de nosotros y nunca darnos por vencidos. La perseverancia es una decisión diaria que nos exige vivir lo mejor de Dios en nuestras vidas.

---

11. George S. Patton, hijo, *War as I Knew It*, según lo citó Goodreads: http://www.goodreads.com/quotes/4281-fatigue-makes-cowards-of-us-all.

## Semana 7

***Pilar 7:*** Poder

***Reflexión:*** El *reino de Dios* es una frase que describe cómo Dios gobierna y obra en su autoridad y poder. Cuando decidimos seguir a Cristo elegimos vivir en su reino... en su dominio. Esto permite que el poder de Dios obre en nosotros y por medio de nosotros.

***Pasaje bíblico:*** «El reino de Dios no consiste en palabras, sino en poder» (1 Corintios 4:20).

***Preguntas de debate:***

1. En una escala de 1 a 10, ¿cuánto estás actuando en tus propias fuerzas? ¿Cuánto en las fuerzas de Dios?
2. ¿Cuáles son algunas áreas en que has tratado de cambiar, pero necesitas la fortaleza y el poder de Dios para lograr un cambio verdadero?
3. ¿Cuánto tiempo pasas diariamente leyendo la Palabra de Dios y orando?
4. ¿Con qué personas espiritualmente poderosas pasas tiempo?
5. ¿Cuándo fue la última vez que encontraste un pasaje bíblico que abordaba un tema de la vida, y lo memorizaste y analizaste hasta que Dios cambió la situación?
6. ¿Qué ajustes puedes hacer en tu vida a fin de moverte más en el poder de Dios?

***Deja un legado:*** Muchos hombres no quieren ir a la iglesia porque suelen ver esto como un ejercicio pasivo de sentarse y escuchar.

Los hombres no quieren sentarse, sino actuar. Si te has conformado con actividad religiosa, puedes profundizar más, forjar tu fe y andar en el poder divino en maneras más fabulosas. Identifica un asunto y no te conformes con la situación, más bien ten fe y actúa para ganar esa batalla o superar ese obstáculo.

## Semana 8

***Pilar 1:*** Oración

***Reflexión:*** Dios nos creó para su placer, y desea una mejor amistad con todos y cada uno de nosotros. Nuestro tiempo con Él reúne piezas, partes, ideas y oportunidades para que tengamos éxito.

***Pasaje bíblico:*** «Sin fe es imposible agradar a Dios; porque es necesario que el que se acerca a Dios crea que le hay, y que es galardonador de los que le buscan» (Hebreos 11:6).

***Preguntas de debate:***

1. ¿Qué placer obtiene Dios en que oremos?
2. En nuestras agitadas vidas, ¿de qué maneras prácticas podemos pasar tiempo con Él?
3. ¿Qué recompensas provienen de la oración?
4. Orar es algo más que solo una persona hablando; ¿qué otra(s) pieza(s) puede(n) ser parte de la oración?
5. Tienes tiempo para lo que has colocado como prioridad en tu vida. La oración está en tu lista; sin embargo, ¿cuán prioritaria la has hecho realmente?
6. ¿Por qué decimos que «la oración cambia las cosas»?

***Deja un legado:*** Si orar significa que ambas partes hablen, entonces sería una gran idea que al orar lleves contigo papel y lápiz. A Dios le gusta darte pensamientos, cuadros y pasajes bíblicos que te levantarán, te inspirarán, y responderán las mismas peticiones que le has hecho.

## Semana 9

***Pilar 2:*** Personalidad

***Reflexión:*** Cuando Dios entró a tu vida, su ADN comenzó a conectarse con el tuyo. Ahora su vida está fortaleciéndose dentro de ti cada vez más.

***Pasaje bíblico:*** «Es necesario que él crezca, pero que yo mengüe» (Juan 3:30).

***Preguntas de debate:***

1. ¿Cómo ha cambiado tu personalidad desde que empezaste a tener una relación con Cristo?

2. ¿Puedes sentir aspectos que aún no han cambiado y sin embargo afirmar que Jesús está obrando fuertemente en ellos? ¿Cuáles son algunos de esos aspectos?

3. Si Cristo vive dentro de ti, ¿en qué maneras prácticas puedes llegar a ser más como Él?

4. ¿En qué maneras puedes permitir que la gracia de Cristo (compasión, favor, perdón, benevolencia, bondad y amor) brillen a través de ti?

5. ¿Qué personas han notado (o han sido afectadas por) tu personalidad desde que conociste a Jesucristo?

***Deja un legado:*** El reino de las tinieblas no teme al Jesús que se encuentra dentro de ti; al contrario, teme al Jesús que sale de ti. Así que déjalo «salir» más a menudo.

## Semana 10

***Pilar 3:*** Pureza

***Reflexión:*** El deseo de Dios es levantarnos a su nivel, dándonos su norma para nuestra vida.

***Pasaje bíblico:*** «Si alguno está en Cristo, nueva criatura es; las cosas viejas pasaron; he aquí todas son hechas nuevas» (2 Corintios 5:17).

***Preguntas de debate:***

1. La pureza es el sistema de mudanza de Dios; Él pone sus muebles adentro y saca tus cosas. ¿Qué artículo(s) está Dios reorganizando dentro de ti?
2. Sin duda has experimentado cambios de pureza dentro de ti. ¿Cómo ha reaccionado tu familia, tu matrimonio y tus hijos a esto?
3. A veces podemos tener luchas entre nuestros deseos y los deseos de Dios. ¿Qué luchas has tenido cuando batallas con el asunto de los deseos?

***Deja un legado:*** El deseo de Dios es seguir formándote, moldeándote y discipulándote para que llegues a ser más como Cristo. Cuanto más cedas al Espíritu Santo, mayores serán los cambios que se producirán dentro de ti.

## Semana 11

***Pilar 4:*** Propósito

***Reflexión:*** Tu sendero y tu destino en la tierra están rodeados por dos palabras: propósito divino. No eres un accidente, una idea adicional o una equivocación. Eres parte del plan de Dios, quien pensó en ti y te escogió desde antes de la creación del mundo.

***Pasaje bíblico:*** «Sabemos que a los que aman a Dios, todas las cosas les ayudan a bien, esto es, a los que conforme a su propósito son llamados» (Romanos 8:28).

***Preguntas de debate:***

1. El propósito divino tiene herramientas. ¿Qué dones, talentos y sueños tienes?
2. El propósito divino es valioso... debe protegerse todo el tiempo. ¿Has tenido problemas con quienes dijeron lo que eras o no eras?
3. ¿Has experimentado alguna vez pérdida de esperanza, falta de propósito o carencia de dirección terrenal? Explica.

***Deja un legado:*** Cuando vuelves tu vida hacia el propósito de Dios, tus sueños, metas y deseos cobran vida. Empiezas a ver lo importante que eres ante los ojos de Dios.

## Semana 12

***Pilar 5:*** Prioridades

***Reflexión:*** Las prioridades son los cimientos sobre los que se edificará la casa de tu vida. Se convierten en objetivos que te ayudan a establecer tu camino y dirección.

***Pasaje bíblico:*** «Cualquiera que me oye estas palabras y no las hace, le compararé a un hombre insensato, que edificó su casa sobre la arena» (Mateo 7:26).

***Preguntas de debate:***

1. Prioridades. Todos las tenemos. ¿Cuáles son tus cinco prioridades máximas?
2. A Dios le gusta reemplazar nuestras prioridades con las suyas. ¿Hay algunas prioridades en tu vida que te gustaría que Dios cambie?
3. ¿De qué maneras prácticas puedes hacer de tu matrimonio una prioridad? ¿Qué tal de tus hijos? ¿Y de tu relación con Dios?
4. ¿Cómo encaja tu carrera en tu lista de prioridades?

***Deja un legado:*** Si todavía no has hecho una lista de prioridades, empieza a orar y a escribirlas. Una gran idea es hacer que un pastor o un líder de la iglesia revise tu lista, permitiéndole que haga comentarios que te ayuden a definir qué es realmente importante. Donde estén tus prioridades, allí seguirán tu tiempo y tus finanzas.

## Semana 13

***Pilar 6:*** Perseverancia

***Reflexión:*** La perseverancia te ayuda a sobrevivir. Muchas veces el primer impulso es renunciar y sucumbir, pero la perseverancia te lleva al otro lado de esa dificultad.

***Pasaje bíblico:*** «Nos sentimos orgullosos de ustedes ante las iglesias de Dios por la perseverancia y la fe que muestran al soportar toda clase de persecuciones y sufrimientos» (2 Tesalonicenses 1:4, NVI).

***Preguntas de debate:***

1. ¿Has renunciado alguna vez a algo de lo que aún te arrepientes? Explica.
2. ¿Estás tentado ahora a renunciar a algo? Si es así, ¿a qué?
3. No rendirse parece fabuloso; sin embargo, ¿cuáles son algunos pasos prácticos para seguir adelante?

***Deja un legado:*** Las herramientas no duraderas fallan al someterlas a presión. Dios te ha formado como una herramienta que puede usar en situaciones difíciles para hacer bien el trabajo y bendecir a otros. ¡La decisión de seguir es tuya!

## Semana 14

***Pilar 7:*** Poder

***Reflexión:*** Poder se resume fácilmente en la persona del Espíritu Santo. La clave de nuestra victoria es confiar en Él para todo.

***Pasaje bíblico:*** «Recibiréis poder, cuando haya venido sobre vosotros el Espíritu Santo, y me seréis testigos en Jerusalén, en toda Judea, en Samaria, y hasta lo último de la tierra» (Hechos 1:8).

***Preguntas de debate:***

1. ¿Sigue Dios siendo un Dios de poder? ¿Qué milagros has presenciado?
2. Dios es amor, entonces su poder obra hacia la gente. ¿En qué maneras prácticas puedes liberar su compasión hacia las personas que están dolidas?
3. ¿En qué formas puedes depender más del Espíritu Santo en tu vida cotidiana?

***Deja un legado:*** Cuando tus fuerzas se han ido o te sientes débil, es cuando la fortaleza de Dios se manifiesta con poder.

# ACERCA DE LOS AUTORES

**Joe Pellegrino** es escritor, conferencista, editor, orientador certificado, consejero y empresario. También es presidente y fundador de Legacy Minded Men, cuya misión es «transformar vidas al involucrar, animar y preparar hombres para que edifiquen un legado centrado en Cristo». Joe es coautor de los libros *Safe at Home* y *That's My Dad!* También ha desarrollado y presentado varios talleres y seminarios, entre ellos «Parado en la brecha», «No solo un tipo común» y «Transformado». Él y su esposa Bethanne tienen tres hijos y residen en Wayne, Nueva Jersey. Para saber más respecto a Joe, ingresa a www.joepellegrino.com.

**Jack Redmond** es escritor, conferencista, orientador certificado y asesor de crecimiento de iglesias. También es pastor de movilización en Christ Church, una iglesia de ocho mil miembros localizada en Nueva Jersey. Jack es un orador muy solicitado para conferencias, desarrollo de liderazgo y adiestramiento en el crecimiento de la iglesia. Es escritor o coescritor de seis libros. Él y su esposa Antoinette viven en Nueva Jersey con sus cuatro hijos. Para comunicarte con Jack, ingresa a www.jackredmond.org.

EDITORIAL
PORTAVOZ

## NUESTRA VISIÓN

Maximizar el efecto de recursos cristianos de calidad que transforman vidas.

## NUESTRA MISIÓN

Desarrollar y distribuir productos de calidad —con integridad y excelencia—, desde una perspectiva bíblica y confiable, que animen a las personas a conocer y servir a Jesucristo.

## NUESTROS VALORES

*Nuestros valores se encuentran fundamentados en la Biblia, fuente de toda verdad para hoy y para siempre. Nosotros ponemos en práctica estas verdades bíblicas como fundamento para las decisiones, normas y productos de nuestra compañía.*

Valoramos la excelencia y la calidad.
Valoramos la integridad y la confianza.
Valoramos el mérito y la dignidad de los individuos y las relaciones.
Valoramos el servicio.
Valoramos la administración de los recursos.

Para más información acerca de nuestra editorial y los productos que publicamos visite nuestra página en la red: www.portavoz.com.